기초영작 100일의 기적

기초 영작 100일의 기적

지은이 하명옥
펴낸이 임상진
펴낸곳 (주)넥서스

초판 1쇄 발행 2007년 8월 15일
초판 9쇄 발행 2014년 7월 10일

2판 1쇄 발행 2016년 9월 5일
2판 5쇄 발행 2019년 9월 10일

출판신고 1992년 4월 3일 제311-2002-2호
10880 경기도 파주시 지목로 5
Tel (02)330-5500 Fax (02)330-5555

ISBN 979-11-5752-909-4 13740

본 책은『영어일기 바로쓰기』(2007)의
개정판입니다.

이 도서의 국립중앙도서관 출판예정도서목록(CIP)은
서지정보유통지원시스템 홈페이지(http://seoji.nl.go.kr)와
국가자료공동목록시스템(http://www.nl.go.kr/kolisnet)에서 이용하실 수 있습니다.
(CIP제어번호 : CIP2016021699)

www.nexusbook.com

100일 후에는 나도 영어로 쓴다!

기초영작 100일의 기적

하명옥 지음

넥서스

머리말

영어를 사용하고 가르치면서 영어가 영어다워야 한다는 것을 실감할 때가 여러 번 있습니다. 우리는 영어로 문장을 만들 때 나름대로 단어를 연결하고 조합하여 영어 문장을 만들지요. 한글 문장을 그대로 영어로 바꾸는 경우도 많습니다. 이때 우리말을 쓰던 방식 그대로 영작을 하다 보면 제대로 된 영어가 아닌 어설픈 콩글리시가 되는 경우가 많습니다. 예를 들어, 한국인들이 종종 '시간을 지키다'라는 말을 그대로 keep the time이라고 하는데, 이 표현은 be punctual이나 be on time이란 표현을 사용해야 합니다. keep the time이라고 한다면 전달하고자 했던 말을 제대로 전달할 수 없게 되겠죠. 또한, 우리말로는 한 가지 표현으로 하지만, 영어에서는 상황에 따라 다르게 쓰이는 단어들이 있습니다. 예를 들어 우리는 경기나 대회에서 이겼을 때도 축하한다고 하고, 생일이나 기념일에도 축하한다고 하죠. 하지만 영어에서는 힘든 과정을 겪은 후 얻은 일을 축하할 때는 congratulate라는 동사를 쓰고, 생일이나 기념일을 기념하면서 축하하는 것은 celebrate로 표현합니다.

이렇게 다른 의미의 단어 사용으로 전달하고자 하는 의미를 제대로 전달하지 못하거나 뜻이 통하지 않는 실수를 하지 않으려면, 영어식 표현을 많이 익히고 알아두어야 합니다. 그러기 위해서는 되도록 영어 책을 많이 읽거나, 영어 방송 프로그램이나 영화를 자주 봄으로써 되도록 많은 시간을 영어에 노출되도록 하여 영어식 문장을 접하고 익혀야 합니다. 〈기초영작 100일의 기적〉은 영어 공부를 시작하는 단계의 영어 학습자들이 영어로 글을 쓸 때 오류를 범하기 쉬운 문장들을 예로 들어, 어떻게 해야 바르고 영어다운 표현이 되는지 설명하였습니다.

Part 1에서는 기본적으로 우리말과 다른 영어의 구조에 대한 간단한 설명이 있고, Part 2부터는 상황별로 틀리기 쉬운 표현들을 바로잡아 쓸 수 있도록 했습니다. 또한, 각 표현을 이해한 후에는 그와 관련된 영작 연습 문제들을 통해 익히도록 하였고, 팁을 통해 추가로 알아두면 도움이 될 내용을 적어 두었습니다. 아무쪼록 이 책을 통하여 부담 없이 쉽게 영어식 표현을 익히고 배워서 영어다운 영어를 할 수 있기를 바랍니다.

저자 하명옥

이 책의 구성

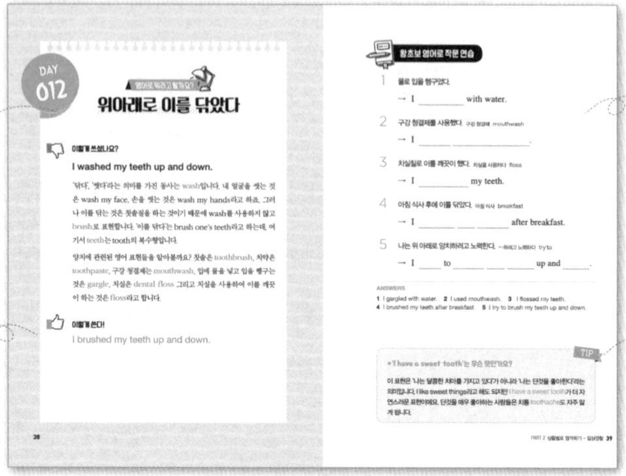

DAY 012

영어로 뭐라고 할까요?

위아래로 이를 닦았다

이렇게 쓰셨나요?

I washed my teeth up and down.

'닦다', '씻다'라는 의미를 가진 동사는 wash입니다. 내 얼굴을 씻는 것은 wash my face, 손을 씻는 것은 wash my hands라고 하죠. 그러나 이를 닦는 것은 칫솔질을 하는 것이기 때문에 wash를 사용하지 않고 brush로 표현합니다. '이를 닦다'는 brush one's teeth라고 하는데, 여기서 teeth는 tooth의 복수형입니다.

양치에 관련된 영어 표현들을 알아볼까요? 칫솔은 toothbrush, 치약은 toothpaste, 구강 청결제는 mouthwash, 입에 물을 넣고 입을 헹구는 것은 gargle, 치실은 dental floss 그리고 치실을 사용하여 이를 깨끗이 하는 것은 floss라고 합니다.

이렇게 쓴다!

I brushed my teeth up and down.

38

왕초보 영어로 작문 연습

1 물로 입을 헹구었다.
→ I ________ with water.

2 구강 청결제를 사용했다. 구강 청결제 mouthwash
→ I ________________.

3 치실질로 이를 깨끗이 했다. 치실을 사용하다 floss
→ I ________ my teeth.

4 아침 식사 후에 이를 닦았다. 아침 식사 breakfast
→ I ________ ____ ______ after breakfast.

5 나는 위 아래로 양치하려고 노력한다. ~하려고 노력하다 try to
→ I ____ to ______ ____ ______ up and ______.

ANSWERS
1 I gargled with water. 2 I used mouthwash. 3 I flossed my teeth.
4 I brushed my teeth after breakfast. 5 I try to brush my teeth up and down.

TIP

'I have a sweet tooth'는 무슨 뜻인가요?

이 표현은 '나는 달콤한 치아를 가지고 있다'가 아니라 '나는 단것을 좋아한다'라는 의미입니다. I like sweet things라고 해도 되지만 I have a sweet tooth가 더 자연스러운 표현이에요. 단것을 매우 좋아하는 사람들은 치통 toothache도 자주 앓게 됩니다.

PART 2 상황별로 영작하기 – 일상생활 39

오늘의 문장 영작할 때 틀리기 쉬운 문장들을 제시했습니다.

이렇게 쓴다! 틀린 표현과 올바른 표현을 비교해 보세요. 그리고 꼭 올바른 표현만을 기억하세요!

작문 연습 앞에서 배운 내용을 확실하게 내 것으로 만들 수 있는 실전 영작 코너입니다.

Tip 오늘의 문장과 관련된 유용한 표현들과 단어, 그리고 추가 설명이 담겨 있습니다.

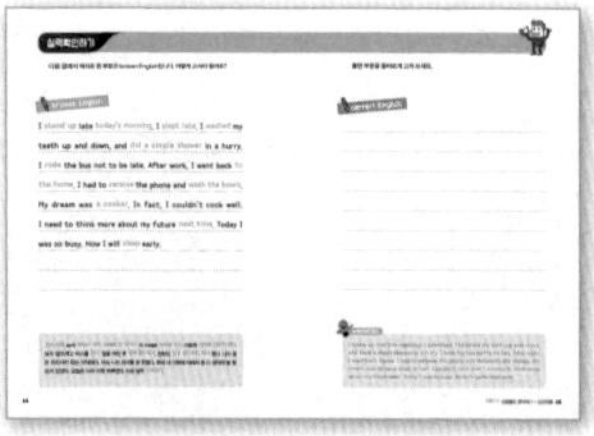

실력 확인하기

각 챕터에서 학습했던 내용을 바탕으로 구성된 영작 샘플입니다. 여기저기 눈에 띄는 색 글자는 틀린 영어표현(broken English)을 의미합니다. 아래에 나와 있는 해석을 참고하면서, 올바른 표현들로 고쳐 보세요.

이 책의 구성

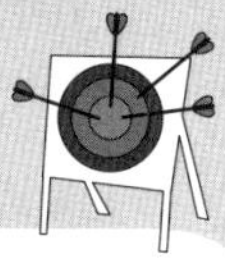

PART 1 왕초보 영작 기본 원칙 10

PART 2 상황별로 영작하기 - 일상생활

PART 5 상황별로 영작하기 - 취미생활

PART 6 상황별로 영작하기 - 외모/성격

PART 7 상황별로 영작하기 - 건강

PART 8 상황별로 영작하기 - 옷/쇼핑

PART 9 상황별로 영작하기 - 식생활

기초영작 100일의 기적

Pre-test

Q. 현재 나의 영작 실력은?

Word Box를 참고하여 영작해 보세요.

□ 1 나는 일찍 잔다.

→ p64

□ 2 그 일을 다 했다.

→ p88

□ 3 짜증나고 지루하다.

→ p96

□ 4 그가 보고 싶어 죽겠다.

→ p108

□ 5 빨리 스키를 타고 싶다.

→ p132

□ 6 나는 키가 160cm이다.

→ p152

□ 7 머리가 아프다.

→ p178

WORD BOX

동 ski　형 bored　명 headache　동 finish　부 early　동 see
동 wait　동 go　명 bed　형 dying　형 annoyed　동 have　형 tall

정답과 자세한 설명은 각 해당 페이지에서 확인하세요~!

Q. 현재 나의 '영어식 사고' 정도는?

틀린 부분을 올바르게 고쳐 보세요.

□ 1 My family is five people. 우리 가족은 다섯 명이다.

→

p48

□ 2 I can play clarinet. 나는 클라리넷을 연주할 수 있다.

→

p50

□ 3 I received the phone. 전화를 받았다.

→

p58

□ 4 I will be dead to see him. 그가 보고 싶어 죽겠다.

→

p108

□ 5 I paid by money. 현금으로 지불했다.

→

p216

□ 6 I didn't have the breakfast. 아침을 먹지 않았다.

→

p224

□ 7 My stomach is full. 배가 부르다.

→

p240

0-3 개

좌절 금지!
꼼꼼히 학습해서
나만의 영작 노트
만들기!

4-8 개

다시 기초를 다지고
영작 실력
업그레이드 하기!

9-14 개

부족한 2%를
채워 막강 실력으로
변신!

PART 1

왕초보 영작 기본 원칙 10

DAY 001

영어는 우리말과 어순이 다르다

영어로 뭐라고 할까요?

나는 빵을 좋아한다.

이렇게 쓰셨나요?

I bread like.

영어에서도 '~은, ~는, ~이, ~가'에 해당하는 주어는 문장의 제일 앞에 오지만, '~하다'에 해당하는 동사의 위치는 다릅니다. 우리말에서는 동사가 문장의 제일 뒤에 오지만 영어는 의문문이나 명령문 등 몇 가지 경우를 제외하고는 동사는 항상 주어 바로 다음에 오죠.

그래서 '나는 빵을 좋아한다'를 영어로 바꿔 쓸 경우에는 '나는 / 좋아한다 / 빵을'의 순서로, 즉 **I like bread**라고 씁니다.

이렇게 쓴다!

I like bread.

왕초보 영어로 작문 연습

1 나는 축구를 좋아한다. 축구 soccer

→ I ______ ______.

2 나는 겨울을 좋아한다. 겨울 winter

→ I ______ ______.

3 나는 그를 싫어한다. 싫어하다 hate

→ I ______ ______.

4 나는 만화책을 좋아한다. 만화책 comic books

→ I ______ ______ ______.

5 나는 액션영화를 좋아한다. 액션영화 action movies

→ ___ ______ ______ ______.

ANSWERS

1 I like soccer. **2** I like winter. **3** I hate him. **4** I like comic books.
5 I like action movies.

TIP

***주어와 목적어**

사람의 이름을 대신해서 나타내는 주어로는 I(나), you(너), she(그녀), he(그), we(우리), you(너희들), they(그들)가 있습니다. 그리고 사람의 이름을 대신하는 목적어로는 me(나를), you(너를), her(그녀를), him(그를), us(우리를), you(너희를), them(그들을)이 있습니다.

DAY 002

영어에는 우리말에 없는 말이 있다

영어로 뭐라고 할까요?

우리 아버지는 선생님이다.

이렇게 쓰셨나요?

My father is teacher.

영어에는 우리말에 없는 말이 있는데, 그중 하나가 바로 '관사'입니다. 여러 개 중에 막연한 하나를 나타내거나 우리말로 해석되지 않는 a, an을 '부정관사'라고 하고, 이미 정해져 있는 것이나 서로 알고 있는 것을 나타내는 the를 '정관사'라고 합니다. 관사는 명사 앞에 오는데, 주의할 것은 부정관사인 a, an은 단수명사 앞에만 쓰인다는 사실!

'우리 아버지는 선생님이다'라고 말할 때, 우리 아버지는 선생님이라는 직업을 가진 사람 중 한 분이기 때문에 명사 앞에 a를 써서 My father is a teacher라고 해야 됩니다.

이렇게 쓴다!

My father is a teacher.

왕초보 영어로 작문 연습

1 우리 아버지는 경찰관이다. 경찰관 police officer

→ My father is ______ ______ ______.

2 우리 삼촌은 기자이다. 기자 reporter

→ My uncle is ______ ______.

3 가방을 하나 샀다. 가방 bag

→ I bought ______ ______.

4 그 가방은 좀 크다. 좀 a little

→ ______ ______ ______ ______ ______ big.

5 나는 오늘 영화를 봤다. 영화 movie

→ I ______ ______ ______ today.

ANSWERS

1 My father is a police officer. **2** My uncle is a reporter. **3** I bought a bag.
4 The bag is a little big. **5** I watched a movie today.

TIP

***언제 a 대신 an을 쓰나요?**

단수명사 앞에 부정관사를 붙여야 할 때 그 단어의 첫 발음이 모음, 즉 [a, e, i, o, u]로 시작하면 a 대신 an을 써야 합니다. 예를 들어, apple, elephant, ice cream, orange, umbrella와 같은 단어 앞에서는 an을 쓰지요. 특히 hour의 경우에는 단어는 자음 h로 시작하지만 발음이 [áuər], 즉 모음 [a] 발음으로 시작하기 때문에 an을 써야 한다는 것에 주의하세요.

DAY 003

be동사와 관사는 필요할 때만 쓴다

영어로 뭐라고 할까요?

나는 피곤하다.

이렇게 쓰셨나요?

I am a tired.

우리나라 사람들에게 습관처럼 입에 붙어 있는 말이 I am a ~입니다. '나는 책을 읽는다'라고 할 때도 I am read a book(×), '나는 아프다'라고 할 때도 I am a sick(×)이라고 하는데, 이는 잘못된 표현이죠.

형용사가 be동사와 만나면 '~하다'라는 표현이 됩니다. 그래서 I am tired는 '나는 피곤하다', I am sick은 '나는 아프다'라는 말이 되죠. 또한 동작이나 상태를 나타내는 동사는 진행형과 같은 특별한 용법을 제외하고는 be동사와 함께 쓰이지 않습니다. '나는 책을 읽는다'도 I read a book이라고 해야지 be동사인 am을 넣을 필요가 없죠.

이렇게 쓴다!

I am tired.

왕초보 영어로 작문 연습

1 나는 배고프다. 배고픈 hungry

→ I ______ ______.

2 우리는 신났었다. 신난 excited

→ We ______ ______.

3 나는 우울했다. 우울한 moody

→ I ______ ______.

4 그가 나를 도와주었다. 돕다 help

→ He ______ ______.

5 나는 그림을 색칠했다. 색칠하다 paint

→ I ______ ______ ______.

ANSWERS

1 I am hungry. **2** We were excited. **3** I was moody. **4** He helped me.
5 I painted the picture.

TIP

***형용사 앞에 관사를 쓰는 경우는 뭔가요?**

단수명사 앞에 형용사가 와서 그 명사를 꾸며 줄 때 관사는 형용사 앞에 오게 됩니다. 이때 부정관사는 바로 뒤 형용사의 발음에 따라 모양이 변합니다.

예 예쁜 인형 하나를 샀다. I bought a pretty doll.
한 노인에게 그것을 주었다. I gave it to an old man.

DAY 004

'~아니다'라고 말할 때 not의 위치는?

영어로 뭐라고 할까요?

나는 춥지 않다.

이렇게 쓰셨나요?

I not cold.

'~가 아니다'라는 부정문을 만들 때 not의 위치는 어떤 동사가 오느냐에 따라서 달라집니다. be동사나 조동사가 있을 경우에는 바로 그 뒤에 not을 쓰면 되고, 일반동사일 경우에는 일반동사의 원형 앞에 주어나 시제를 고려해서 don't, doesn't, didn't를 씁니다.

꼭 기억하세요! 'be동사/조동사+not' 또는 'don't/doesn't/didn't+동사원형'의 형태라는 것을!

이렇게 쓴다!

I am not cold.

왕초보 영어로 작문 연습

1 나는 키가 크지 않다. 키가 큰 tall

→ I ______ ______ ______.

2 그는 예의 바르지 않다. 예의 바른 polite

→ He ______ ______ ______.

3 그 시험은 쉽지 않았다. 쉬운 easy

→ The exam ______ ______ ______.

4 나는 그 영화를 좋아하지 않는다.

→ I ______ ______ the movie.

5 나는 손을 씻지 않았다. 씻다 wash

→ I ______ ______ my hands.

ANSWERS

1 I am not tall. **2** He is not polite. **3** The exam was not easy.
4 I don't like the movie. **5** I didn't wash my hands.

TIP

***never도 부정을 나타내는 말**

not 말고도 '~은 아니다'를 나타내는 단어로는 never가 있습니다. never는 '한 번도 ~해 본 적이 없다', '절대 ~않다'라는 뜻으로 not보다는 훨씬 강한 부정을 나타내지요. never는 be동사나 조동사 뒤 (I am never ...) 또는 일반동사 앞에 (I never forget ...) 씁니다.

DAY 005

과거 표시는 한 번으로 충분하다

영어로 뭐라고 할까요?

나는 공원에 가지 않았다.

이렇게 쓰셨나요?

I didn’t went to the park.

동사가 있는 문장에서 과거의 일을 나타낼 때는 동사를 과거형으로 써 주면 되지만, ‘~하지 않았다’라는 과거 부정문을 만들 때는 ‘didn’t+동사원형’의 형태를 씁니다. 이때 주의할 점은 과거 부정을 나타내는 didn’t 다음에는 동사원형이 와야 한다는 것! didn’t의 did에 이미 과거 표시가 되어 있으니 그 뒤에 오는 동사는 꼭 원형을 쓰도록 하세요.

이렇게 쓴다!

I didn’t go to the park.

왕초보 영어로 작문 연습

1 나는 공부를 열심히 하지 않았다. 열심히 hard

→ I didn't ______ ______.

2 나는 창문을 열지 않았다. 열다 open

→ I ______ ______ the window.

3 나는 그를 만나지 않았다. 만나다 meet

→ I ______ ______ him.

4 나는 울지 않았다. 울다 cry

→ I ______ ______.

5 그는 창문을 깨트리지 않았다. 깨트리다 break

→ He ______ ______ ______ ______.

ANSWERS

1 I didn't study hard. **2** I didn't open the window. **3** I didn't meet him.
4 I didn't cry. **5** He didn't break the window.

TIP

***went와 have gone의 차이는?**

'과거 시제'는 과거의 한 시점에서 일어난 일을 나타낼 때 사용하고, '현재완료 시제'는 'have(has) + 과거분사'의 형태로 과거에 시작된 일이 현재에까지 영향을 미치는 일을 표현할 때 사용합니다. He went to America는 '그는 미국에 갔다', 즉 미국에 간 사실만 이야기하는 것이고, He has gone to America는 '그는 미국에 가서 지금 이곳에는 없다'라는 뜻이에요.

DAY 006

미래 일을 나타내는 방법? 간단하다!

영어로 뭐라고 할까요?

그가 나를 도와줄 것이다.

이렇게 쓰셨나요?

He will helps me.

앞으로 일어날 미래의 일을 나타낼 때는 동사 앞에 조동사 will을 쓰면 됩니다. 조동사란 동사를 도와주는 역할을 하는 것으로, 조동사 다음에는 반드시 동사원형을 써야 합니다. 부정문은 'will not(won't)+동사원형' 형태를 쓰면 됩니다. 또한 가까운 미래를 나타낼 때는 'be going to+동사원형'을 사용하기도 합니다.

'그가 나를 도와줄 것이다'는 미래의 일이므로 조동사 will 다음에 동사원형을 써야겠죠. 동사 help는 주어가 3인칭 단수이지만 조동사 뒤에 오기 때문에 동사원형이 된다는 것을 기억하세요. 가까운 미래의 일이라면 be going to를 써서 He is going to help me라고 해도 됩니다.

이렇게 쓴다!

He will help me.

왕초보 영어로 작문 연습

1 나는 최선을 다할 것이다. 최선을 다하다 do one's best

→ I ______ ______ my best.

2 나는 조부모님을 방문할 것이다. 방문하다 visit

→ I am ______ ______ ______ my grandparents.

3 나는 그의 컴퓨터를 사용하지 않을 것이다. 사용하다 use

→ I ______ ______ ______ his computer.

4 나는 그와 이야기하지 않을 것이다. 이야기하다 talk

→ I ______ ______ to him.

5 나는 더 이상 울지 않을 것이다. 더 이상 ~ 않다 not ~ any longer

→ I ______ ______ ______ ______.

ANSWERS

1 I will do my best. **2** I am going to visit my grandparents.
3 I will not use his computer. **4** I won't talk to him. **5** I won't cry any longer.

TIP

*** '조동사'가 뭔가요?**

조동사란 말 그대로 동사를 도와주는 말이에요. 많이 쓰이는 조동사로는 will(~할 것이다), can(~할 수 있다), must(~해야 한다), may(~일지 모른다) 등이 있습니다. 조동사의 성질 세 가지는 꼭 알아 두세요. ① 주어가 무엇이든 조동사의 형태가 변하지 않는다는 것, ② 조동사 뒤에는 언제나 동사원형만 와야 한다는 것, ③ 부정문은 조동사 뒤에 not만 붙이면 된다는 것.

DAY 007

do 동사를 너무 좋아하지 말자

영어로 뭐라고 할까요?

나는 영어로 말할 수 있다.

이렇게 쓰셨나요?

I can do speak English.

우리말 문장을 영어로 옮길 때 흔히 하는 실수 중 하나가 do동사를 너무 많이 사용한다는 것입니다. 거의 모든 동사 표현이 '~하다'로 끝나기 때문이죠. 예를 들어, '말하다'라는 영어 표현은 speak 동사 하나로 충분하지만, '하다'에 해당하는 do를 또 첨가하여 do speak로 표현하는 실수를 범하기도 합니다. 또 다른 예로 '게임을 하다', '축구를 하다'와 같은 표현들도 우리말을 그대로 영어로 옮기려고 하다 보니 do games, do soccer라고 하는 경우가 있는데, 게임이나 스포츠 경기를 하는 것은 play를 사용하여 play games, play soccer라고 해야 합니다.

이렇게 쓴다!

I can speak English.

왕초보 영어로 작문 연습

1 나는 게임하는 것을 좋아한다.

→ I like to ________ ________.

2 나는 수영을 잘할 수 있다. 수영하다 swim

→ I ________ ________ well.

3 나는 농구하는 것을 좋아한다. 농구 basketball

→ I ________ to ________ ________.

4 나는 축구하는 것을 좋아한다. 축구 soccer

→ I ________ ________ ________ ________.

5 그는 나를 자주 칭찬한다. 칭찬하다 praise

→ He ________ ________ ________.

ANSWERS

1 I like to play games. **2** I can swim well. **3** I like to play basketball.
4 I like to play soccer. **5** He often praises me.

TIP

***일반동사 앞에 do, does, did를 쓰는 경우도 있어요!**

일반동사의 의미를 '강조'할 때 'do/does/did + 동사원형'의 형태를 쓰는 경우가 있습니다. I do like you는 '나는 너를 정말 좋아해'라는 뜻으로, 동사 like를 강조하는 표현이 됩니다. '너를 정말 사랑해'라고 말해 보세요. I do love you라고~!

DAY 008

한 개인지, 여러 개인지 꼭 구분하자

영어로 뭐라고 할까요?

나는 많은 책을 읽었다.

이렇게 쓰셨나요?

I read many book.

우리말에서는 단수와 복수의 구별을 뚜렷하게 하지 않는 경우가 많습니다. 예를 들어, '두 대의 컴퓨터들을 가지고 있다'라고 하는 것보다 '두 대의 컴퓨터를 가지고 있다'라고 하는 것이 더 자연스럽죠. 하지만 영어에서는 셀 수 있는 명사일 경우, 단수인지 복수인지 꼭 구별을 해야 합니다. '컴퓨터를 두 대 가지고 있다'는 I have two computers라고 하죠.

'많은 책을 읽었다'고 할 때, '많은 책'은 복수이므로 book 뒤에 s를 붙여 복수형으로 나타내야 합니다. 즉, I read many book(×)이 아니라 I read many books라고 해야 하죠. '한 권의 책을 읽었다'는 I read a book이라고 하면 되고요.

이렇게 쓴다!

I read many books.

왕초보 영어로 작문 연습

1 나는 세 권의 소설을 읽었다. 소설 novel

→ I read ________ ________.

2 나는 두 마리의 고양이를 가지고 있다. 고양이 cat

→ I have ________ ________.

3 나는 여러 개의 가방이 있다. 여러 개의 several

→ I have ________ ________.

4 나는 친구들이 많다. 많은 a lot of

→ I ________ ____ ________ ____ ________.

5 나는 두 시간 동안 영어 공부를 했다. 시간 hour

→ I studied English for ________ ________.

ANSWERS

1 I read three novels. **2** I have two cats. **3** I have several bags.
4 I have a lot of friends. **5** I studied English for two hours.

TIP

***'셀 수 없는 명사'는 복수형이 없나요?**

일정한 모양과 형태가 없는 셀 수 없는 명사들은 그 단어 자체로는 복수형이 없지만 단위를 사용해서 복수형을 표시할 수 있답니다. '물 한 잔'은 a glass of water로, '두 잔'일 경우에는 two glasses of water로 나타냅니다.

DAY 009

우리말로 해석이 안 되는 말도 있다

영어로 뭐라고 할까요?

여름은 덥다.

이렇게 쓰셨나요?

Summer is hot.

'여름은 덥다'를 영어로 옮기면 말 그대로 Summer is hot(×)이라고 하면 될 것 같죠? 하지만 이 표현은 문법에 맞지 않습니다. 원어민들도 Summer is hot이라고 말을 하긴 하지만, 이는 말할 때 주로 쓰는 구어체입니다. 영작을 할 때는 문법에 맞게 It is hot in summer라고 해야 하죠. 이때 주어로 쓰인 it은 '비인칭주어'로서 날씨, 계절, 요일, 시간, 거리 등을 나타낼 때 씁니다.

'밖이 참 더워요'는 뭐라고 할까요? 설마 Outside is really hot(×)이라고는 하지 않았겠죠? It is really hot outside라고 해야 올바른 표현입니다.

이렇게 쓴다!

It is hot in summer.

왕초보 영어로 작문 연습

1 봄은 따뜻하다. 따뜻한 warm

→ ______ is ______ in spring.

2 가을은 선선하다. 선선한 cool

→ ______ ______ ______ ______ fall.

3 겨울은 춥다. 추운 cold

→ ______ ______ ______ ______ ______.

4 드디어 금요일이다. 금요일 Friday

→ Finally ______ ______.

5 (시간이) 너무 늦었다. 늦은 late

→ It's too ______.

ANSWERS

1 It is warm in spring. **2** It is cool in fall. **3** It is cold in winter.
4 Finally it's Friday. **5** It's too late.

TIP

***it은 다른 의미로도 쓰여요.**

it은 명사를 대신하는 '대명사'로도 쓰입니다. 대명사 it은 앞에 나온 특정한 단수명사를 대신하여 쓰는 말로 '그것'이라는 뜻을 가지고 있습니다. '나는 가방 하나를 샀다. 그것은 검은색이었다'를 영어로 할 때 대명사 it을 사용하여 다음처럼 나타낼 수 있습니다. I bought a bag, it was black이라고요.

DAY 010

and, but, so, because로 문장을 시작하지 말자

영어로 뭐라고 할까요?

그러나 그는 늦지 않았다.

이렇게 쓰셨나요?

But, he was not late.

and, but, so, because 등은 단어와 단어, 절과 절, 문장과 문장을 연결해 주는 '접속사'입니다. 이런 접속사들은 주로 단어나 문장 사이에 쓰이며, 문장을 시작할 때는 사용하지 않는 것이 좋습니다.

그러나 이런 뜻을 가진 말로 문장을 시작해야만 하는 경우에는?

and 대신에 moreover, in addition(게다가)
but 대신에 however, still, yet(하지만)
so 대신에 therefore, thus(그러므로)
because 대신에 since(~이므로)를 사용하면 됩니다.

이렇게 쓴다!

However, he was not late.

왕초보 영어로 작문 연습

1 그렇지만 나는 그것을 끝마쳤다. 끝마치다 finish

→ ______, I ______ it.

2 그래서 그는 떠났다. 떠나다 leave

→ ______, he ______.

3 게다가 그는 불어도 말할 수 있다. 불어 French

→ ______ ______, he can ______ ______.

4 그가 정직하므로 나는 그를 믿는다. 정직한 honest

→ ______ ______ ______ ______, I trust him.

5 하지만 그는 곧 돌아올 것이다. 돌아오다 come back

→ ______, he ______ ______ ______ soon.

ANSWERS

1 However, I finished it. **2** Therefore, he left.
3 In addition, he can speak French. **4** Since he is honest, I trust him.
5 However, he will come back soon.

TIP

***두 문장을 이어주는 '접속사'**

접속사 다음에는 보통 주어와 동사가 옵니다. 그런 접속사로는 when(~할 때), while(~하는 동안에), as soon as(~하자마자), since(~한 이래로), before(~하기 전에), after(~한 후에), till(~할 때까지) 등이 있습니다. '그가 떠난 뒤에, 그의 동생이 왔다'는 After he left, his brother arrived라고 하면 되죠.

쉬어가는 페이지

단어만 제대로 말해도 왕초보 영어에서 벗어날 수 있습니다.
일상생활에서 많이 쓰는 영어, 혹시 이렇게 쓰고 있지 않나요?

✔ 가스레인지	gas range → stove / oven
✔ 개그맨	gagman → comedian
✔ 개런티	guarantee → fee / pay
✔ 게임 셋	game set → game over
✔ 골든아워	golden hour → prime time
✔ 그룹사운드	group sound → musical band
✔ 껌	gum → chewing gum
✔ 나비넥타이	butterfly-tie → bow-tie
✔ 노 골	no goal → no point / no score
✔ 노래방	singing room → karaoke
✔ 소매가 없는	no sleeve → sleeveless
✔ 노트	note → notebook
✔ 노트북	notebook → laptop
✔ 다이어리	diary → schedule book / day planner
✔ 달걀프라이	egg-fry → fried-egg
✔ 더치페이	dutch pay → go dutch

PART 2

상황별로 영작하기

일상생활

DAY 011

영어로 뭐라고 할까요?

나는 아침에 일찍 일어난다

이렇게 쓰셨나요?

I stand up early in the morning.

'아침에 일어난다'는 것은 어느 자리에 앉아 있다가 일어나는 것이 아니라 잠자리에서 일어난다는 뜻이겠죠? 그런데 stand up은 의자나 바닥 같은 자리에 앉아 있다가, 즉 sit down 하고 있다가 일어나는 것을 말합니다. 잠자리에서 일어나는 것은 wake up이나 get up으로 표현해야 하죠. 잠이나 꿈에서 깨어나는 것은 wake up, 잠자리에서 몸을 일으켜 일어나는 것은 get up이라고 합니다.

이렇게 쓴다!

나는 아침 일찍 잠에서 깬다.

I wake up early in the morning.

나는 아침 여섯 시에 일어났다.

I got up at six o'clock in the morning.

왕초보 영어로 작문 연습

1 나는 늦게 일어났다. 늦게 late

→ I ______ ______ ______.

2 나는 언제나 일찍 잠에서 깬다.

→ I always ______ ______ ______.

3 나는 매일 아침 늦게 잠에서 깬다.

→ I ______ ______ ______ every morning.

4 나는 아침 8시에 일어났다.

→ I ______ ______ ______ 8 o'clock ______ the morning.

5 우리 가족은 매일 아침 늦게 일어난다. 매일 every day

→ My family ______ ______ ______ every day.

ANSWERS

1 I got up late. **2** I always wake up early. **3** I wake up late every morning.
4 I got up at 8 o'clock in the morning. **5** My family gets up late every day.

TIP

***하루의 때를 나타내는 표현들**

- 새벽에 at dawn
- 아침에 in the morning
- 오후에 in the afternoon
- 저녁에 in the evening
- 정오에(낮 12시에) at noon
- 날이 새기 전에 before dawn
- 이른 아침에 early in the morning
- 늦은 오후에 late in the afternoon
- 자정에(밤 12시에) at midnight

DAY 012

영어로 뭐라고 할까요?

위아래로 이를 닦았다

이렇게 쓰셨나요?

I washed my teeth up and down.

wash는 '닦다', '씻다'라는 의미의 동사입니다. 내 얼굴을 씻는 것은 wash my face, 손을 씻는 것은 wash my hands라고 하죠. 그러나 이를 닦는 것은 칫솔질을 하는 것이기 때문에 wash가 아닌 brush를 사용하여 표현합니다. '이를 닦다'는 brush one's teeth라고 하는데, 여기서 teeth는 tooth의 복수형입니다.

양치에 관련된 영어 표현들을 알아볼까요? '칫솔'은 toothbrush, '치약'은 toothpaste, '구강 청결제'는 mouthwash, 입에 물을 넣고 '입을 헹구다'는 gargle, '치실'은 dental floss 그리고 '치실을 사용하여 이를 깨끗이 하다'는 floss라고 합니다.

이렇게 쓴다!

I brushed my teeth up and down.

왕초보 영어로 작문 연습

1 물로 입을 헹구었다.

→ I ________ with water.

2 구강 청결제를 사용했다. 구강 청결제 mouthwash

→ I ________ ________.

3 치실질로 이를 깨끗이 했다. 치실을 사용하다 floss

→ I ________ my teeth.

4 아침 식사 후에 이를 닦았다. 아침 식사 breakfast

→ I ________ ________ ________ after breakfast.

5 나는 위아래로 양치하려고 노력한다. ~하려고 노력하다 try to

→ I ________ to ________ ________ ________ up and ________.

ANSWERS

1 I gargled with water. **2** I used mouthwash. **3** I flossed my teeth.
4 I brushed my teeth after breakfast. **5** I try to brush my teeth up and down.

TIP

***'I have a sweet tooth'는 무슨 뜻인가요?**

이 표현은 '나는 달콤한 치아를 가지고 있다'가 아니라 '나는 단것을 좋아한다'라는 의미입니다. I like sweet things라고 해도 되지만 I have a sweet tooth가 더 자연스러운 표현이에요. 단것을 너무 좋아하는 사람들은 치통 toothache도 자주 앓게 됩니다.

DAY 013

영어로 뭐라고 할까요?

나는 매일 아침 간단한 샤워를 한다

이렇게 쓰셨나요?

I do a simple shower every morning.

shower(샤워)라는 단어는 원래 '소나기'라는 뜻인데, 몸을 간단히 씻는 동작인 '샤워'를 의미하기도 합니다. '샤워를 하다'는 do a shower라고 하지 않고, have나 take를 사용하여 have a shower 또는 take a shower라고 합니다. 또한 '간단한 샤워'는 simple shower가 아니라 short shower라고 하죠. 그래서 '나는 매일 아침 간단한 샤워를 한다'는 I take a short shower every morning이라고 해야 합니다.

'목욕을 하다'도 do a bath라고 하지 않고 have a bath 또는 take a bath라고 해야 합니다. 참고로 '반신욕'은 half body bath, '족욕'은 foot bath입니다.

이렇게 쓴다!

I take a short shower every morning.

왕초보 영어로 작문 연습

1 나는 매일 샤워를 한다.

→ I ______ ______ ______ every day.

2 오늘은 샤워를 하지 않았다.

→ I ______ ______ ______ ______ today.

3 뜨거운 물로 목욕을 했다.

→ I took ______ ______ ______.

4 찬물로 샤워를 했다.

→ I ______ ______ ______ ______.

5 간단한 샤워를 했다.

→ I ______ ______ ______ ______.

ANSWERS

1 I take a shower every day. **2** I didn't have a shower today.
3 I took a hot bath. **4** I took a cold shower.
5 I took a short shower.

TIP

***'몸의 물기를 수건으로 닦았다'를 영어로 하면?**

몸의 물기를 수건으로 닦을 때 wash를 사용하면 안 됩니다. wash는 물을 이용하여 무언가를 씻을 때 쓰는 말이거든요. 몸의 물기를 닦는 것은 몸의 물기를 말리는 것이므로 '물기를 말리다'라는 의미를 가진 dry를 사용해서 dry oneself의 형태로 표현합니다. 그래서 '몸의 물기를 수건으로 닦았다'는 I dried myself with a towel이 되죠.

DAY 014

영어로 뭐라고 할까요?

오늘 아침 늦잠을 잤다

이렇게 쓰셨나요?

I slept late today's morning.

아뿔싸, 늦잠을 잤군요! 그런데 sleep late는 '늦게 잠을 자다'라는 의미로 '늦잠을 자다'라는 뜻과는 거리가 멉니다. '늦잠을 자다'는 oversleep이라는 동사 하나로 표현할 수 있습니다. 과거의 일이니까 I overslept라고 하면 되겠죠.

그리고 '오늘 아침'은 today's morning이라고 하지 않고 this morning이라고 합니다. this를 사용하여 때를 나타내는 표현을 더 알아볼까요? '오늘 저녁'은 this evening, '이번 주'는 this week, '이번 일요일'은 this Sunday, '이번 달'은 this month, '올여름'은 this summer, '올해'는 this year라고 합니다. 하지만 '오늘 밤'은 this night이 아니라 tonight이라고 하니 주의하세요.

이렇게 쓴다!

I overslept this morning.

왕초보 영어로 작문 연습

1 이번 주는 바쁘다. 바쁜 busy

→ I am ________ ________ ________.

2 오늘 오후에 놀이공원에 갈 것이다.

→ I am ________ to the amusement park ________ ________.

3 올여름에 우리는 해변에 갈 것이다.

→ We are ________ ________ the beach ________ ________.

4 이번 토요일에 우리는 외식을 할 것이다. 외식하다 eat out

→ We ________ ________ ________ ________ ________.

5 올해 꼭 해외에 갈 것이다. 해외로 가다 go abroad

→ I ________ certainly ________ ________ ________ ________.

ANSWERS

1 I am busy this week. **2** I am going to the amusement park this afternoon.
3 We are going to the beach this summer. **4** We will eat out this Saturday.
5 I will certainly go abroad this year.

TIP

***'I always keep late hours'는 무슨 의미일까?**

keep late hours를 그대로 해석하면 '늦은 시간을 지키다'이지만, 이 문장은 '나는 언제나 늦게 자고 늦게 일어난다'라는 뜻입니다.

DAY 015

영어로 뭐라고 할까요?

다음에 그를 다시 만나길 바란다

이렇게 쓰셨나요?

I hope to meet him again next time.

기약 없이 그를 다시 만나길 바라는 마음을 표현할 때 '다음에'는 next time이 아닌 '나중에'라는 의미의 later를 사용해야 합니다. next time은 약속이 된 '다음 번'을 나타내는 말이기 때문이죠.

또한 그와 만나서 이야기도 나누고 영화도 보고 싶다면, 단순히 만나는 것만 의미하는 meet보다는 어떤 목적을 가지고 만난다는 의미의 see를 쓰는 것이 좋겠죠. 예를 들어, 진찰을 받기 위해 의사를 만났을 때도 I went to meet a doctor(×)가 아니라 I went to see a doctor라고 합니다.

이렇게 쓴다!

I hope to see him later.

왕초보 영어로 작문 연습

1 나중에 그에게 이야기하자. ~에게 이야기하다 talk to ~

→ Let's ______ ______ ______ ______.

2 내가 나중에 그에게 전화할 것이다. 전화하다 call

→ I will ______ ______ later.

3 나중에 그를 방문할 것이다. 방문하다 visit

→ I will ______ ______ ______.

4 그녀는 진찰을 받으러 갔다.

→ She ______ ______ ______ a doctor.

5 그는 그의 부모를 만나러 미국에 갔다. ~하러 to+동사원형

→ He ______ to America to ______ his parents.

ANSWERS

1 Let's talk to him later. **2** I will call him later. **3** I will visit him later.
4 She went to see a doctor. **5** He went to America to see his parents.

TIP

***'지난'은 어떻게 표현하나요?**

- 지난번 last time
- 지난밤 last night
- 지난 월요일 last Monday
- 지난여름 last summer
- 지난 어느 날 the other day
- 지난주 last week
- 지난달 last month
- 작년 last year

DAY 016

영어로 뭐라고 할까요?

우리 가족은 다섯 명이다

이렇게 쓰셨나요?

My family is five people.

가족을 소개하며 My family is five people(×)이라고 하는 분들이 많은데, 이것은 broken English(틀린 표현)입니다. 우리 가족이 다섯 명이라고 말하려면 영어로는 '우리 가족에는 다섯 명의 사람이 있다'라고 해야 올바른 영어 표현이 됩니다.

'~에 …가 있다'라는 말은 there를 사용하여 'There+be동사+전치사 ~' 구문으로 표현합니다. 이때 be동사는 그 뒤에 나오는 단어가 단수이면 is나 was를, 복수이면 are 또는 were를 쓰죠. 그래서 '우리 가족에 다섯 명의 사람이 있다'는 There are five people in my family라고 해야 합니다.

이렇게 쓴다!

There are five people in my family.

왕초보 영어로 작문 연습

1 우리 가족은 네 명이다.

→ ________ are four ________ ____ my family.

2 내 방에는 컴퓨터 한 대가 있다. 컴퓨터 computer

→ ________ ____ a ________ in my ______.

3 우리 집에는 고양이 한 마리가 있다.

→ ________ ____ ____ cat ____ my house.

4 그 책상 위에 사전이 하나 있었다. 사전 dictionary

→ ________ ____ ____ ____________ ____ the desk.

5 극장에 많은 사람들이 있었다. 극장 theater

→ ________ ____ a lot of ______ in the theater.

ANSWERS

1 There are four people in my family. **2** There is a computer in my room.
3 There is a cat in my house. **4** There was a dictionary on the desk.
5 There were a lot of people in the theater.

TIP

***가족관계 영어로 표현하기**

- 장남 the eldest son
- 막내 딸 the youngest daughter
- 외동 an only child
- 부모님 parents
- 조부모님 grandparents
- 할아버지 grandfather
- 할머니 grandmother
- 자매 sister
- 형제 brother
- 사촌 cousin
- 남자 조카 nephew
- 여자 조카 niece

DAY 017

영어로 뭐라고 할까요?

나는 클라리넷을 연주할 수 있다

이렇게 쓰셨나요?

I can play clarinet.

어떤 악기를 연주할 수 있나요? piano, violin, viola, clarinet, flute, saxophone, trumpet? 악기 이름을 쓸 때 주의해야 할 것은 반드시 정관사 the와 함께 써야 한다는 것입니다.

play의 대표적인 뜻은 '놀다'이지만 '연주하다', '연기하다'의 의미도 있습니다. 그렇다고 '그의 연주가 멋졌다'를 His play was nice라고 하면 안 됩니다. 여기서는 '상연', '공연', '연주'의 의미인 performance라는 단어를 사용하여 His performance was nice라고 해야 합니다.

이 세상에 하나밖에 없는 해(the sun)와 달(the moon), 지구(the Earth)와 같은 명사도 반드시 정관사와 함께 쓰인다는 것도 기억해 두세요.

이렇게 쓴다!

I can play the clarinet.

왕초보 영어로 작문 연습

1 나는 피아노 치는 것을 좋아한다.

→ I like to ______ ______ ______.

2 나는 플루트를 불 수 있다. 플루트 flute

→ I can ______ ______ ______.

3 나는 하프를 연주할 수 있다. 하프 harp

→ I ______ ______ ______ ______.

4 그는 색소폰을 잘 불 수 있다. 색소폰 saxophone

→ He ______ ______ ______ ______ well.

5 그녀가 비올라를 연주하고 있다. ~하고 있다 be-ing / 비올라 viola

→ She ______ ______ ______ ______.

ANSWERS

1 I like to play the piano. **2** I can play the flute. **3** I can play the harp.
4 He can play the saxophone well. **5** She is playing the viola.

TIP

***레슨을 받아요**

'일주일에 두 번 피아노 레슨을 받고 있다'고 말하고 싶다고요? '레슨을 받다'라는 표현은 동사 take를 사용하여 take ~ lessons라고 합니다. 그리고 일주일에 두 번은 twice a week라고 하는데, 이때 a는 per(~마다)의 의미입니다. 그래서 '나는 일주일에 두 번 피아노 레슨을 받는다'는 I take piano lessons twice a week라고 하면 됩니다.

DAY 018

영어로 뭐라고 할까요?

내 꿈은 교수가 되는 것이다

이렇게 쓰셨나요?

My dream is a professor.

영어 문장에서 '주어'와 그 주어를 보충해 주는 말인 '보어'와의 관계는 항상 동등해야 합니다. 예를 들어, I am a student라는 문장에서 I와 a student는 같은 사람을 나타내죠. 그런데 위 문장 My dream is a professor(×)를 보면 my dream(내 꿈)과 a professor는 동등하지 않습니다. 꿈은 사람이 아니기 때문에 a professor가 될 수는 없죠. 따라서 '~하는 것'이라는 의미의 'to+동사원형' 구문을 사용하여 My dream is to be a professor라고 해야 올바른 표현이 됩니다. 이때 be동사는 '~가 되다'라는 의미입니다.

마찬가지로 '나의 취미는 축구다'라는 문장도 My hobby is soccer(×)라고 하면 틀립니다. 나의 취미는 축구가 아니라 축구를 하는 것이니까 동명사(-ing)나 to부정사의 형태로 써서 My hobby is playing soccer 또는 My hobby is to play soccer라고 해야 합니다.

이렇게 쓴다!

My dream is to be a professor.

왕초보 영어로 작문 연습

1 나의 취미는 사진 찍는 것이다. 사진 찍다 take pictures

→ My hobby is ________ ________.

2 그의 취미는 낚시이다. 낚시 fishing

→ His ________ ____ ________.

3 내 꿈은 웹 디자이너가 되는 것이다.

→ My dream is ____ ____ ____ ______ ________.

4 내 꿈은 개그맨이 되는 것이다. 개그맨 comedian

→ My ______ ____ ____ ____ ____ ________.

5 내 꿈은 전 세계를 여행하는 것이다. 전 세계 all over the world

→ My ______ is ____ ______ ____ ______ the world.

ANSWERS

1 My hobby is taking pictures. **2** His hobby is fishing.
3 My dream is to be a web designer. **4** My dream is to be a comedian.
5 My dream is to travel all over the world.

TIP

***어떤 취미를 가지고 있나요?**

음악 감상 listening to music, 영화 감상 watching movies, 독서 reading, 춤추기 dancing, 여행 traveling, 피아노 연주 playing the piano, 컴퓨터 게임 playing computer games, 뜨개질 knitting, 십자수 cross-stitching, 골프 playing golf, 요리 cooking, 요가 doing yoga, 사진촬영 photography
만약 특별한 취미가 없다면? I don't have any particular hobby라고 하세요.

DAY 019

영어로 뭐라고 할까요?

나는 장래에 요리사가 되고 싶다

이렇게 쓰셨나요?

I want to be a cooker in the future.

영어에서 '~하는 사람'이라는 단어는 동사 뒤에 -er를 붙여 만드는 경우가 많습니다. '선생님'은 '가르치다'라는 뜻의 동사 teach에 -er를 붙여 teacher라고 하고, '가수'는 노래하는 사람이니까 singer라고 하죠. 그러면 요리사는 cooker일까요? cooker는 '요리 기구'를 나타내는 말이고, '요리사'는 동사 cook과 형태가 같은 cook이랍니다. 전문적인 교육을 받은 요리사는 chef라고 부르니, 장래에 요리사가 되고 싶다는 말은 I want to be a chef in the future라고 하는 게 좋겠네요.

police(경찰)도 주의가 필요한 단어입니다. police는 경찰 전체를 지칭하는 말로, 경찰관 개개인을 나타낼 때는 police officer라고 해야 합니다. '한 경찰관이 나를 불렀다'는 A police called me(×)가 아닌 A police officer called me라고 해야 합니다.

이렇게 쓴다!

I want to be a chef in the future.

왕초보 영어로 작문 연습

1 나는 승무원이 되고 싶다. 승무원 flight attendant

→ I want ________________.

2 나의 가장 친한 친구는 요리사이다.

→ My best friend is ________.

3 나는 아나운서가 되고 싶다. 아나운서 announcer

→ I ________________.

4 나는 장래에 최고 경영자가 되고 싶다. 최고 경영자 CEO

→ I ________________ in the ________.

5 그는 경찰관이 되고 싶어 한다.

→ He ________________.

ANSWERS

1 I want to be a flight attendant. **2** My best friend is a chef.
3 I want to be an announcer.
4 I want to be a CEO(Chief Executive Officer) in the future.
5 He wants to be a police officer.

TIP

***어떤 직업을 갖고 싶나요?**

- 간호사 nurse
- 공무원 government employee
- 도서관 사서 librarian
- 변호사 lawyer
- 소방관 fire fighter
- 앵커 anchor
- 연예인 entertainer
- 영화감독 movie director
- 웹 디자이너 web designer
- 호텔 지배인 hotelier

DAY 020

영어로 뭐라고 할까요?

설거지를 해야 했다

이렇게 쓰셨나요?

I must washed the bowls.

끝이 없는 집안일! 미루다 보면 집은 금세 폭탄 맞은 꼴이 되고 말죠. 오늘은 설거지 당번이어서 설거지를 해야 하는군요. must는 '~해야 한다'의 뜻을 가진 조동사로 have/has to로 바꾸어 쓸 수도 있습니다. 과거형으로 써야 하는 경우 must의 과거형이 없기 때문에 had to를 씁니다.

그리고 '설거지를 하다'는 wash the dishes 또는 do the dishes라고 합니다. 또 다른 대표적인 집안일 중에 하나인 '빨래를 하다'는 wash the clothes라고 하거나 do동사를 사용하여 do the laundry 또는 do the wash라고 합니다. 설거지든지 빨래든지 무엇이 되었든 간에 집안일은 참 하기 싫죠?

이렇게 쓴다!

I had to do the dishes.

왕초보 영어로 작문 연습

1 나는 내 방을 청소했다. 청소하다 clean

→ I ______ ______ ______.

2 나는 옷을 손빨래했다. 손빨래하다 handwash

→ I ______ ______ ______.

3 나는 오늘 빨래를 해야 했다.

→ I had ______ ______ ______ laundry today.

4 저녁 식사 후에 설거지를 했다.

→ I did ______ ______ after ______.

5 나는 설거지 하는 것을 좋아하지 않는다.

→ I don't like to ______ ______ ______.

ANSWERS

1 I cleaned my room. **2** I handwashed the clothes.
3 I had to do the laundry today. **4** I did the dishes after dinner.
5 I don't like to wash the dishes.

TIP

***해도 해도 끝이 없는 집안일 ~**

- 치우다 clean up the mess
- 쓸다 sweep
- 진공청소기로 청소하다 vacuum
- 상을 차리다 set the table
- 잔디를 깎다 mow the lawn
- 바닥을 훔치다 wipe off the floor
- 대걸레질을 하다 mop
- 욕조를 닦다 scrub the bathtub
- 상을 치우다 clear the table

DAY 021

영어로 뭐라고 할까요?

전화를 받았다

이렇게 쓰셨나요?

I received the phone.

receive the phone(×)이라고 하면 누군가가 휙~ 던진 전화기를 받는다는 엉뚱한 의미가 돼 버립니다. 전화 통화를 위해서 전화를 받는 것은 answer the phone (call)이나 get the phone (call)이라고 해야 합니다. 나아가서 초인종이 울렸을 때 누가 왔는지 나가 보는 것도 동사 answer를 사용하여 answer the door라고 표현합니다.

그럼 '전화를 걸다'는 영어로 뭐라고 할까요? 이때는 동사 call이나 telephone을 사용해서 I called him 또는 I telephoned him이라고 합니다. 동사 call을 사용하여 표현할 때 I called to him(×)이라고 하면 '나는 소리쳐서 그를 불렀다'라는 의미가 되니까 주의하세요.

이렇게 쓴다!

I answered the phone.

왕초보 영어로 작문 연습

1 내가 그에게 전화를 걸었다.

→ I ______ ______.

2 그는 나에게 절대 전화하지 않는다.

→ He ______ ______ me.

3 그는 전화를 받지 않았다.

→ He ______ ______ ______ ______.

4 나는 전화 받고 싶지 않았다.

→ I ______ want ______ ______ ______ ______.

5 나는 한밤중에 장난 전화를 받았다. 장난 전화 prank call

→ I ______ a ______ ______ at night.

ANSWERS

1 I called him. **2** He never calls me. **3** He didn't answer the phone.
4 I didn't want to answer the phone. **5** I got a prank call at night.

TIP

*** '전화'와 관련된 표현들**

- 전화를 걸다 make a phone call / dial the number
- 전화를 잘못 걸다 dial the wrong number
- 전화를 끊다 hang up
- 음성 메시지를 남기다 leave a voice message
- 문자를 보내다 send a text message

DAY 022

영어로 뭐라고 할까요?

그는 집으로 돌아갔다

이렇게 쓰셨나요?

He went back to the home.

home은 '가정'이나 '고향'이라는 뜻의 명사인데, '집으로'라는 뜻의 부사로도 쓰입니다. 부사로 쓰일 경우에는 '~으로'에 해당하는 전치사 to의 의미도 포함되어 있기 때문에 앞에 to를 쓰면 안 되죠. 그래서 '그는 집으로 돌아갔다'라는 말도 to를 쓰지 않고 He went back home이라고 해야 합니다.

'나는 집에 있었다'는 영어로 뭐라고 할까요? I was in the house(×)라고 하기가 쉽지만, 이 말은 I was at home이라고 해야 올바른 영어 표현입니다. house는 아파트가 아닌 '일반 주택'을 가리키는 말입니다. 집에 있었다는 건 가정을 의미하는 집에 있었다는 말이기 때문에 house보다는 home을 사용하여 표현합니다.

이렇게 쓴다!

He went back home.

왕초보 영어로 작문 연습

1 나는 집으로 일찍 돌아왔다. 일찍 early

→ I came ______ ______ ______.

2 집으로 가는 길에 그를 만났다. ~로 가는 길에 on the way ~

→ I met him ______ ______ ______ ______.

3 나는 어제 집에 있었다.

→ I ______ ______ ______ yesterday.

4 지금 우리 부모님은 집에 계시지 않는다.

→ Now my parents ______ ______ ______ ______.

5 이제 집에 돌아갈 시간이다. ~할 시간 time to ~

→ Now it's ______ ______ ______ ______ ______.

ANSWERS

1 I came back home early. **2** I met him on the way home.
3 I was at home yesterday. **4** Now my parents are not at home.
5 Now it's time to go back home.

TIP

***at home이 다른 뜻으로도 쓰인다던데 ~**

at home이 '집에', '집에서'라는 의미 외에도 '마음 편히'라는 뜻으로도 쓰입니다. 예를 들어 I felt at home이라고 하면 '마음이 편했다'라는 뜻이 됩니다. 집에 오신 손님에게 '편히 계세요'라고 말하고 싶다면, Please make yourself at home이라고 하면 돼요. 이는 '집에 있는 것처럼 마음 편히 계십시오'라는 의미입니다.

DAY 023

영어로 뭐라고 할까요?

버스를 탔다

이렇게 쓰셨나요?

I rode the bus.

'버스를 타다'라고 할 때는 '타다'라는 의미의 동사 ride를 쓰지 않습니다. ride는 말이나 자전거처럼 그 위에 올라타는 경우에 쓰는 말입니다. 예를 들어 '나는 자전거를 못 탄다'는 I can't ride a bike, '나는 말을 탔다'는 I rode a horse라고 하죠. 버스는 버스 안으로 들어가 타는 것이지 버스 위에 올라타는 것이 아니니까 ride를 쓰면 안 되겠죠? 자동차나 택시를 타는 것은 get in, 버스나 기차 같은 교통수단을 타는 것은 get on을 씁니다. 그리고 '(교통수단을) 이용하다'라고 할 때는 동사 take를 사용합니다. '나는 집에 가려고 지하철을 탔다'라고 하려면 I took the subway to go home이라고 하죠.

'~에서 내리다'라고 할 때는 말이나 자전거, 버스나 기차 모두 get off를 씁니다. 자동차나 택시처럼 좁은 공간에서 나오면서 내리는 것은 get out of를 쓰기도 합니다.

이렇게 쓴다!

I got on the bus.

왕초보 영어로 작문 연습

1 경기장에 버스를 타고 갔다. 경기장 stadium

→ I ________ ________ ________ to the stadium.

2 동생과 나는 자전거를 탔다.

→ My sister and I ________ ________.

3 나는 말 타는 것을 좋아하지 않는다.

→ I don't like to ________ ____ horse.

4 이른 아침에 지하철을 탔다. 지하철 subway

→ I ________ ________ ________ early in the morning.

5 버스에서 급히 내렸다. 급히 in a hurry

→ I ________ ________ ________ ________ in a hurry.

ANSWERS

1 I took the bus to the stadium. **2** My sister and I rode bikes.
3 I don't like to ride a horse. **4** I took the subway early in the morning.
5 I got off the bus in a hurry.

TIP

***by + 교통수단**

교통수단은 'by + 교통수단'으로 표현합니다. 이때 교통수단 앞에는 a(an)나 the를 쓰지 않는다는 것에 주의하세요. by car(자동차로), by train(기차로), by subway(지하철을 타고), by airplane(비행기로) 등이 있습니다. '버스를 타고 학교에 갔다'라고 말할 경우에는 I went to school by bus라고 하면 되겠지요.

DAY 024

영어로 뭐라고 할까요?

나는 일찍 잔다

이렇게 쓰셨나요?

I sleep early.

영어로 '나는 어제 잠을 잘 잤다'라고 할 때 '자다'라는 뜻의 동사 sleep을 써서 I slept well yesterday라고 합니다. 하지만 '나는 일찍 잔다'라는 문장에서의 '잔다'는 잠자리에 드는 것을 나타내기 때문에 sleep이 아닌 go to bed를 써야 합니다. 그래서 '나는 일찍 잔다'는 I go to bed early라고 해야 하죠. go to the bed라고 하면 '잠자리에 들다'가 아니라 '침대로 가다'라는 의미이니 주의하세요.

'더워서 잠을 잘 수가 없었다'라고 할 때는 잠자리에 눕는 것이 아니라 잠이 드는 것을 말하는 것이니 fall asleep을 사용해서 I couldn't fall asleep because it was hot이라고 해야 합니다.

이렇게 쓴다!

I go to bed early.

왕초보 영어로 작문 연습

1 나는 자정에 잠자리에 들었다. 자정에 at midnight

→ I ______ ______ ______ at ______.

2 우리 가족은 일찍 잔다.

→ My family ______ ______ ______ ______.

3 나는 수업 중에는 잠을 자지 않는다. 수업 중에 during classes

→ I ______ ______ during classes.

4 그 소음 때문에 잠을 잘 수가 없었다.

→ I ______ ______ ______ because of the noise.

5 나는 잠자기 전에 일기를 쓴다. 일기를 쓰다 keep a diary

→ I ______ ______ ______ before I go ______ ______.

ANSWERS

1 I went to bed at midnight. **2** My family goes to bed early.
3 I don't sleep during classes. **4** I couldn't fall asleep because of the noise.
5 I keep a diary before I go to bed.

TIP

***'잠'에 관련된 표현들**

- 낮잠을 자다 take a nap
- 깜빡 졸다 doze off
- 코를 골다 snore
- 꿈을 꾸다 dream
- 악몽을 꾸다 have a nightmare
- 밤을 꼬박 새우다 stay up all night
- 누가 업어 가도 모르게 자다 sleep like a log
- 잠을 잘 못 자고 뒤척이다 toss and turn

실력 확인하기

다음 글에서 색자로 된 부분은 broken English입니다. 어떻게 고쳐야 할까요?

broken English

I stand up late today's morning. I slept late. I washed my teeth up and down, and did a simple shower in a hurry. I rode the bus not to be late. After work, I went back to the home. I had to receive the phone and wash the bowls. My dream was a cooker. In fact, I couldn't cook well. I need to think more about my future next time. Today I was so busy. Now I will sleep early.

오늘 아침 늦게 잠에서 깼다. 늦잠을 잔 것이다. 위아래로 양치를 하고 서둘러 샤워를 간단히 했다. 늦지 않으려고 버스를 탔다. 일을 마친 후 집에 돌아와서, 전화도 받고 설거지도 해야 했다. 나의 꿈은 요리사가 되는 것이었다. 사실, 나는 요리를 잘 못했다. 후에 내 미래에 대해서 좀 더 생각해 볼 필요가 있었다. 오늘은 너무 바쁜 하루였다. 이제 일찍 자야겠다.

틀린 부분을 올바르게 고쳐 보세요.

correct English

ANSWERS

I **woke up** late **this morning**. I **overslept**. I **brushed** my teeth up and down, and **took a short shower** in a hurry. I **took** the bus not to be late. After work, I went back **home**. I had to **answer** the phone and **do(wash) the dishes**. My dream was **to be a chef**. In fact, I couldn't cook well. I needed to think more about my future **later**. Today I was so busy. Now I'll **go to bed** early.

쉬어가는 페이지

단어만 제대로 말해도 왕초보 영어에서 벗어날 수 있습니다.
일상생활에서 많이 쓰는 영어, 혹시 이렇게 쓰고 있지 않나요?

✓ 덤프카	dump car → dump truck
✓ 데드볼	dead ball → hit by pitch
✓ 데모	demo → demonstration
✓ 돈가스	pork gas → pork cutlet
✓ 드라이버 (공구)	driver → screwdriver
✓ 러닝머신	running machine → treadmill
✓ 러닝셔츠	running shirt → undershirt
✓ 레코드	record → album
✓ 로션	lotion → emulsion
✓ 리모컨	remocon → remote controller
✓ 마가린	margarine → margarine(마저린)
✓ 매니큐어	manicure → nail polish
✓ 매스컴	mass com → mass media
✓ 매직펜	magic pen → marker
✓ 맨투맨	man-to-man → one-to-one
✓ 머플러	muffler → scarf
✓ 메이커	maker → brand-name

PART
3

상황별로 영작하기

학교 / 직장

DAY 025

영어로 뭐라고 할까요?

학교에 갔다

이렇게 쓰셨나요?

I went to the school.

'학교에 갔다'는 I went to school이라고 해야 합니다. 학교에 공부를 하러 간 것이기 때문에 school 앞에 정관사 the를 쓰지 않습니다. go to school(공부하러 가다, 학교에 다니다), go to church(예배하러 가다, 교회에 다니다), go to bed(잠자리에 들다)처럼 장소 앞에 관사를 쓰지 않을 때는 그 장소에 간 '사실'보다는 그곳에 간 '목적'을 나타냅니다.

'직장에 갔다'라고 할 경우, 직장에 일하러 간 것이니까 I went to work라고 합니다. I went to the company(×)라고 하면 일하러 직장에 갔다는 의미가 아니라 '그 회사 건물에 간 사실'을 의미하게 됩니다.

이렇게 쓴다!

I went to school.

왕초보 영어로 작문 연습

1 나는 걸어서 교회에 다닌다. 걷다 walk

→ I ________ ________ ________.

2 우리 형은 직장에 일하러 갔다.

→ My brother ________ ________ ________.

3 나는 버스를 타고 대학교에 다닌다.

→ I ________ ________ university ________ bus.

4 나는 대학원에 다니고 싶다 대학원 graduate school

→ I want to ________ ________ ________ ________.

5 나는 매일 아침 일하러 직장에 가고 싶다.

→ I ________ ________ ________ ________ ________ every morning.

ANSWERS

1 I walk to church. **2** My brother went to work. **3** I go to university by bus.
4 I want to go to graduate school. **5** I want to go to work every morning.

TIP

***학교/직장에 안 갔다고요?**

- 수업을 빠지다 skip class
- 땡땡이를 치다 play hooky
- 결근하다 don't go to work
- 휴가를 가다 go on leave
- 출산 휴가 중이다 on maternity leave
- 하루 쉬다 take a day off
- 해고되다 get fired
- 퇴직하다 retire
- 학교에 결석하다 be absent from school

DAY 026

영어로 뭐라고 할까요?

모임에 늦게 갔다

이렇게 쓰셨나요?

I went to the meeting lately.

late가 '늦은'이라는 뜻이니까 lately는 '늦게'라는 뜻일 거라고 생각하여 I went to the meeting lately(×)라고 하셨나요? late는 형용사로 쓰일 때는 '늦은', 부사로 쓰일 때는 '늦게'라는 뜻이 됩니다. lately는 '최근에', '요즈음'의 뜻으로 late와는 전혀 다른 뜻이죠. 아무리 늦어도, 아무리 바빠도 꼭 구분하세요.

'~에 늦다'라고 할 때는 be late for ~ 구문으로 표현하는 게 좋습니다. 학교에 늦어 지각했으면 I was late for school, 직장에 늦었으면 I was late for work라고 하면 됩니다.

이렇게 쓴다!

I was late for the meeting.

왕초보 영어로 작문 연습

1 가끔 나는 수업에 지각을 한다. 가끔 sometimes

→ Sometimes I ______ ______ ______ class.

2 댄스파티에 늦었다.

→ I ______ ______ ______ the dance party.

3 늦지 않으려고 노력했다. ~하지 않으려고 not to ~

→ I ______ not to ______ ______.

4 그는 매일 직장에 지각한다.

→ He ______ ______ ______ ______ every day.

5 나는 졸업식에 늦었다. 졸업식 graduation ceremony

→ I was ______ ______ the graduation ceremony.

ANSWERS

1 Sometimes I am late for class. **2** I was late for the dance party.
3 I tried not to be late. **4** He is late for work every day.
5 I was late for the graduation ceremony.

TIP

***'조퇴하다'는 어떻게 표현할까요?**

조퇴하는 것은 어떤 장소를 일찍 떠나는 것이므로 'leave + 장소 + early'로 표현합니다. 학교에서 조퇴했을 경우 I left school early, 회사에서 일찍 조퇴했을 경우에는 I left work early라고 하면 됩니다.

DAY 027

영어로 뭐라고 할까요?

아파서 못 간다고 전화를 했다

이렇게 쓰셨나요?

I called because sick.

학교에 또는 회사에 잘 다니고 싶은데 공부가 내 적성이 아닌 듯, 회사일이 나에게 맞지 않는 듯 스트레스만 쌓이고 몸만 아프네요. 오늘도 병결이에요. 아침에 끙끙거리며 기어가는 목소리로 전화를 했습니다. I called because sick이라고요.

그런데 because는 접속사이기 때문에 뒤에 주어와 동사가 있는 문장이 나와야 합니다. I called because I was sick이라고 해야 하죠. 더 간결하게 I called in sick이라고 하는 게 좋습니다.

because 뒤에 명사가 오는 경우엔 because of를 써야 합니다. '두통 때문에 조퇴했어요'는 I left work early because of the headache라고 하면 되죠.

이렇게 쓴다!

I called in sick.

왕초보 영어로 작문 연습

1 스트레스 때문에 아팠다.

→ I was sick ________ ____ stress.

2 아파서 못 간다고 전화를 했다.

→ I ________ ____ ________.

3 그는 자주 아파서 못 간다고 전화를 했다. 자주 often

→ He ________ ________ ____ ________.

4 시험 때문에 스트레스를 받았다. 스트레스를 받다 get stressed

→ I ______ ________ ________ ____ the test.

5 그 문제 때문에 화가 났다.

→ I was angry ________ ____ ____ ________.

ANSWERS

1 I was sick because of stress. **2** I called in sick. **3** He often called in sick.
4 I got stressed because of the test. **5** I was angry because of the problem.

TIP

***내가 딱 맞는 적임자야!**

무슨 일이든 적성에 맞는 일을 해야 즐겁게 할 수 있는 거겠죠? '그것은 내 적성에 잘 맞는 일이다'라는 말은 영어로 어떻게 표현할까요? It is my type of work라고 합니다. 그 일에 딱 맞는 적임자라고 생각하시나요? 그럼 이렇게 말하세요. I am cut out for the work라고요.

DAY 028

영어로 뭐라고 할까요?

결국에는 꾸지람을 들었다

이렇게 쓰셨나요?

Finally I scolded.

I scolded라고 하면 '내가 꾸중을 했다'는 뜻이 됩니다. 내가 다른 사람을 꾸중한 것이 아니라 꾸중을 들은 상황이니 I scolded는 맞지가 않죠. 내가 다른 사람에 의해 어떤 동작을 받는 경우에는 수동태로 표현해야 합니다. 수동태는 'be동사+과거분사+by ~'의 형태로 표현합니다. 뜻은 '~에 의해 …되다/당하다'이죠. 따라서 내가 꾸지람을 들었다고 말할 때는 I was scolded라고 해야 합니다. 부장님에게 꾸지람을 들었다면 I was scolded by my director라고 하면 되겠죠.

큰 실수를 했을 경우에는 처벌을 받을 수도 있죠. '처벌을 받았다'를 영어로 써 볼까요? '벌을 주다'는 punish인데, 벌을 받았으니까 수동태로 I was punished라고 하면 됩니다.

이렇게 쓴다!

Finally I was scolded.

왕초보 영어로 작문 연습

1 부장님께서 나를 꾸중하셨다.

→ My ________ ________ me.

2 나는 부장님에게 꾸지람을 들었다.

→ I ____ ________ by my ________.

3 그는 편지 한 통을 썼다.

→ He ______ a letter.

4 그 편지는 그에 의해 쓰였다.

→ The letter ____ ________ ___ him.

5 나는 과속으로 처벌 받았다. 과속 speeding

→ I ____ ________ for ________.

ANSWERS

1 My director scolded me. **2** I was scolded by my director.
3 He wrote a letter. **4** The letter was written by him.
5 I was punished for speeding.

TIP

***기운 내세요!**

회사에 늦었나요? I was late for work. 상사에게 꾸지람을 들었다고요? I was scolded by my boss. 힘든 하루였겠네요. 그래도 힘내세요! 내일은 잘해 보자고요. '파이팅!' 영어로 Cheer up!, Chin up!(기운 내!)이라고 하세요.

DAY 029

영어로 뭐라고 할까요?

노트에 메모를 했다

이렇게 쓰셨나요?

I did a memo on the note.

건망증이 심한 사람들에게 항상 메모하는 습관을 기르라고 하죠? 우리가 말하는 '메모(memo)'는 '비망록', '각서'라는 뜻의 memorandum이라는 단어에서 온 말입니다. 영어로 '메모하다', 즉 '적어 두다', '필기해 놓다'라고 할 때는 take notes 또는 note down을 씁니다. 이때 note가 '메모(하다)', '기록(하다)'의 의미죠.

우리가 흔히 노트라고 말하는 '공책'은 영어로는 notebook입니다. 휴대하기 편한 노트북 컴퓨터는 그럼~ 공책 컴퓨터란 말인가요? 아니요, '노트북 컴퓨터'는 laptop computer라고 합니다. 무릎에 올려놓고 쓸 만한 크기의 컴퓨터란 뜻이죠. 집에서 책상 위에 놓고 사용하는 컴퓨터는 desktop computer라고 합니다.

그럼, 정리해 봅시다. 우리가 말하는 '메모'는 note, '노트'는 notebook, '노트북'은 laptop computer입니다.

이렇게 쓴다!

I took notes in the notebook.

왕초보 영어로 작문 연습

1 중요한 것들을 메모했다. 중요한 important

→ I ________ notes of ______________ things.

2 수업 시간에 필기를 많이 했다. 많은 a lot of

→ I ________ ____ ______ of ___________ in class.

3 나는 속담을 몇 개 적어 두었다. 몇 개의 a few / 속담 proverb

→ I noted ________ a ______ ____________.

4 여동생 생일 때 동생에게 공책 10권을 주었다.

→ I gave my sister ten ___________ on her birthday.

5 나는 노트북을 갖고 싶다.

→ I want to ________ ____ __________ computer.

ANSWERS

1 I took notes of important things. **2** I took a lot of notes in class.
3 I noted down a few proverbs. **4** I gave my sister ten notebooks on her birthday.
5 I want to have a laptop computer.

TIP

***pocket book도 잘못된 영어?**

간단한 메모를 할 수 있는 작은 수첩을 pocket book이라고 하기도 하는데, 이 단어는 주머니에 넣고 휴대하기 좋은 사이즈의 책을 말합니다. 작은 수첩은 pocket book이 아니라 memorandum book이라고 해요.

DAY 030

영어로 뭐라고 할까요?

그에게 MP3 플레이어를 빌려주었다

이렇게 쓰셨나요?

I borrowed him an MP3 player.

내 MP3 플레이어를 빌려 간 친구. 돌려주기로 한 날이 지났는데 왜 아무 말도 없을까요? 잠시 사용하고 다시 돌려주기 위해 다른 사람에게서 빌려 오는 것은 borrow, 다른 사람에게 빌려주는 것은 lend입니다. 위 문장에서는 그에게 물건을 빌려준 것이니까 borrowed 대신에 lend의 과거형 lent를 써야 합니다. 'A로부터 B를 빌리다'는 borrow B from A라고 합니다. 'A에게 B를 빌려주다'는 lend A B 또는 lend B to A라고 하니 구분해서 알아두세요.

그냥 빌리는 게 아니라 돈을 주고 빌려야 하는 경우도 있습니다. 집을 임대하거나 자동차를 빌릴 때는 돈을 지불해야 하죠. 이럴 때는 rent를 사용하세요. 그리고 전화나 컴퓨터 같은 것을 잠깐 빌려 사용할 때는 use를 씁니다.

이렇게 쓴다!

I lent him an MP3 player.

왕초보 영어로 작문 연습

1 그에게 돈을 약간 빌려 주었다.

→ I ______ ______ some ______.

2 우리는 자동차 한 대를 렌트했다.

→ We ______ a car.

3 네 휴대폰 좀 빌려 써도 되겠니?

→ Can I ______ ______ ______ phone?

4 그는 나에게 절대 책을 빌려 주지 않는다.

→ He ______ ______ any books to me.

5 그에게서 돈을 좀 꾸었다.

→ I ______ ______ ______ from him.

ANSWERS

1 I lent him some money. **2** We rented a car. **3** Can I use your cell phone?
4 He never lends any books to me. **5** I borrowed some money from him.

TIP

***도서관에서 책을 빌릴 경우에는?**

이때는 borrow를 사용하지 않고 check out으로 표현합니다. 반납하는 것은 return이라고 하고요. '나는 도서관에서 책을 세 권 빌렸다'는 I checked out three books라고 해야겠죠. 그렇다면 '나는 그 책들을 제때에 반납했다'는? I returned the books on time이라고 하면 됩니다.

DAY 031

영어로 뭐라고 할까요?

오늘 토익 시험을 보았다

이렇게 쓰셨나요?

Today I saw a TOEIC.

'보다'라고 해서 무조건 see를 쓰면 안 되죠. 시험을 보는 것은 시험지만 쳐다보는(see) 것이 아니라 문제를 푸는 의미까지 포함하고 있기 때문에 '시험을 치른다(take)'고 표현해야 합니다. '시험을 보다', '시험을 치르다'는 take an exam 또는 have an exam이라고 합니다. 그리고 시험 볼 땐 양심적으로 커닝하지 말아야겠죠. '커닝'은 cunning이 아니라 cheating이라고 합니다.

시험을 잘 보셨나요? '시험을 잘 봤다'라고 할 때도 물론 I saw the exam well(×)이라고 하면 안 되겠죠. 이때는 I did well on the exam이라고 합니다. 시험을 망쳤다고요? 그럼 I messed up on the exam이라고 하세요.

이렇게 쓴다!

Today I took a TOEIC.

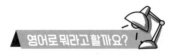

왕초보 영어로 작문 연습

1 지난주에 컴퓨터 시험을 보았다.

→ I ______ ______ ______ ______ last week.

2 오늘 사촌들을 돌보아야 했다. 돌보다 take care of

→ Today I had to ______ ______ ______ my cousins.

3 시험을 잘 봐서 기분이 좋았다. 기분이 좋다 feel good

→ I felt good because I ______ ______ on the ______.

4 시험을 망쳐서 우울했다. 우울하다 feel down

→ I felt ______ because I ______ ______ ______ the exam.

5 다음에 더 열심히 공부할 것이다. 다음에 next time

→ I'll ______ ______ ______ ______.

ANSWERS

1 I took a computer test last week. **2** Today I had to take care of my cousins.
3 I felt good because I did well on the exam.
4 I felt down because I messed up on the exam. **5** I'll study harder next time.

TIP

***보는 것도 여러 가지!**

see와 watch, look at은 다 '본다'는 말이지만 의미의 차이가 있어요. see는 눈만 뜨면 그냥 시야에 들어와서 어쩔 수 없이 보이는 것을 보는 것이고, watch는 주의하여 지켜보는 것, look at도 일부러 집중하여 바라보는 것을 나타냅니다. 한곳만을 노려 볼 때는 stare at, 힐끗 볼 때는 glance at이라고 하죠.

DAY 032

영어로 뭐라고 할까요?

가방을 어디에서 잃어버렸는지 모르겠다

이렇게 쓰셨나요?

I don't know where I forgot my bag.

저런, 가방을 어디에서 잃어버렸을까요? forget은 '잃어버린' 것이 아니라 '잊어버린' 것입니다. 가방을 집에 두고 나왔거나 가지고 오는 것을 깜빡 했을 때 I forgot to bring my bag이라고 하죠.

가방을 어디에 두고 온 게 아니라 잃어버렸다고 말할 때는 forgot이 아니라 lose의 과거형 lost를 사용해서 I lost my bag이라고 해야 합니다. lose는 '물건을 잃다'라는 뜻이니까요. 만약 버스에 가방을 두고 내렸다면 I left my bag behind in the bus라고 하세요. 'leave ~ behind'가 '~를 놔두고 오다'라는 표현입니다.

이렇게 쓴다!

I don't know where I lost my bag.

왕초보 영어로 작문 연습

1 나는 정말 건망증이 심하다. 건망증이 있는 forgetful

→ I ______ really ______________ .

2 자동차 열쇠를 잃어버렸다.

→ I ________ ________ ________ to my car.

3 열쇠 가지고 오는 것을 잊었다.

→ I ____________ ______ ________ the key.

4 기차에 재킷을 두고 내렸다.

→ I ________ my jacket ____________ ____ the train.

5 언제 지갑을 잃어버렸는지 모르겠다.

→ I ________ ________ ________ ____ ________ my wallet.

ANSWERS

1 I am really forgetful. **2** I lost the key to my car. **3** I forgot to bring the key.
4 I left my jacket behind in the train. **5** I don't know when I lost my wallet.

TIP

***가방을 찾으러 가요**

잃어버린 가방을 찾으려면 우선 분실물 센터에 가야겠지요? 분실물 센터는 lost and found center라고 합니다. 만약 그곳에도 없다면 경찰서에 신고할 거라고요? I'll report it to the police라고 하면 '경찰에 신고할 것이다'라는 말이 됩니다.

DAY 033

영어로 뭐라고 할까요?

그것은 검정색이다

이렇게 쓰셨나요?

It is black color.

영어의 특징 가운데 하나는 반복하지 않고 간결하게 표현하는 것입니다. 색을 나타내는 단어는 '~색', '~색의'라는 두 가지 의미를 다 가지고 있기 때문에 '색이 검정색이다'라고 해서 The color is black(×)이라고 하지 않고 It is black이라고 합니다. 다른 예로 '내 나이는 스무 살이다'라고 할 때도 My age is 20 years old(×)라고 하지 않고, I am 20 years old라고 해야 중복되지 않는 표현이 됩니다.

'내 가방은 그의 가방보다 크다'라고 할 때도 His bag is bigger than my bag(×)이라고 하면 bag이란 말이 두 번 반복되므로 my bag을 mine(나의 것)으로 바꿔서 His bag is bigger than mine이라고 합니다. 이 문장은 어떤가요? He returned back(×). return이 '다시 돌아오다'라는 뜻으로 back의 의미까지 포함하고 있기 때문에 back을 또 쓸 필요가 없겠죠. 같은 의미가 중복되지 않도록 He returned 또는 He came back이라고 하세요.

이렇게 쓴다!

It is black.

왕초보 영어로 작문 연습

1 내 신발은 흰색이다. 신발 shoes

→ My ______ ______ ______.

2 그녀의 머리는 금발이다. 금발의 blonde

→ Her ______ ______ ______.

3 내 나이는 스물 두 살이다.

→ I ______ ______ ______ years old.

4 내 키는 160센티미터이다. 키가 ~인 tall

→ I ______ 160 ______ ______.

5 나는 집으로 일찍 돌아왔다.

→ I ______ ______ early.

ANSWERS

1 My shoes are white. **2** Her hair is blonde. **3** I am twenty-two years old.
4 I am 160 centimeters tall. **5** I returned home early.

TIP

***이런 것도 중복을 피하기 위해서죠**

have(가지다), like(좋아하다), know(알다), remember(기억하다) 등은 진행되고 있음을 나타내는 시제인 현재진행형(be동사 + -ing)의 형태로 쓰지 않습니다. 위의 동사들은 본래 계속 그 상태가 진행되고 있음을 나타내기 때문이죠. '내가 너를 좋아하고 있어'는 I am liking you가 아니라 I like you라고 해야 합니다.

DAY 034

영어로 뭐라고 할까요?

그 일을 다 했다

이렇게 쓰셨나요?

I did all the work.

이야기, 식사, 과제, 싸움 등을 끝낼 때는 finish나 end를 사용하여 표현합니다. '일을 다 했다'라고 할 경우에는 I finished my work라고 하죠. 이렇게 finish는 목적어로 명사가 오기도 하지만 '~하는 일을 끝내다'라고 할 때는 'finish+-ing'의 형태가 됩니다. '나는 이메일 쓰는 일을 끝냈다'는 I finished writing an email이라고 합니다. 일이 주어가 될 경우에는 finish나 end가 '끝나다'의 의미로 사용되지만, '길이 끝났다'에서처럼 모양이나 형태가 끝날 경우에는 end를 써서 The road ended라고 해야 됩니다.

'~가 끝나가고 있다'라고 할 때는 be coming to an end로 표현합니다. '휴가가 끝나가고 있다'는 The vacation is coming to an end라고 하죠. 또한 The class is over(수업이 끝났다)에서처럼 be over로 '끝나다'의 의미를 표현하기도 합니다.

이렇게 쓴다!

I finished the work.

왕초보 영어로 작문 연습

1 그는 이야기를 끝냈다.

→ He ______________ his story.

2 아직 보고서를 못 끝냈다. 아직 yet / 보고서 paper

→ I didn't ______________ my ______________ ______________.

3 나는 프로젝트 설명하는 것을 끝냈다. 설명하다 explain

→ I ______________ ______________ the project.

4 마침내 회의가 끝났다. 마침내 at last

→ At least the meeting ______________ ______________.

5 경기가 끝나가고 있다.

→ The game ______ ______ ______ ______ ______.

ANSWERS

1 He finished his story. **2** I didn't finish my paper yet.
3 I finished explaining the project. **4** At last the meeting was over.
5 The game is coming to an end.

TIP

***오늘은 여기까지~!**

긴 하루를 보내고 이만 '오늘 일을 끝내자'는 말을 영어로 어떻게 할까요? Let's finish today?(×) 아닙니다. call it a day를 이용해서 Let's call it a day라고 합니다. 또, 어떤 일을 마무리 짓자고 제안할 때는 Let's wrap it up이라고 합니다.

실력 확인하기

다음 글에서 색자로 된 부분은 broken English입니다. 어떻게 고쳐야 할까요?

broken English

I usually go to the company by bus, but today I didn't get on the bus, so I went to the company lately. My director told us that Mr. Kim called because sick. He is a troublemaker, but he is kind and sincere. I like him a lot. I was worried about him. Anyway, today I heard my director well, taking memos on my note during the meeting and finished the task fast. I received a praise by him, so my mind was good.

나는 평소에는 버스를 타고 직장에 가는데 오늘은 버스를 놓쳐서 회사에 늦었다. 부장님께서는 우리에게 미스터 김이 아파서 못 온다는 전화를 했다고 말씀하셨다. 그는 좀 말썽꾼이긴 하지만 친절하고 성실하다. 나는 그를 매우 좋아한다. 그가 걱정이 되었다. 아무튼 오늘은 회의 중에 노트에 메모도 하면서 부장님 말씀도 귀 기울여 듣고, 주어진 임무도 빨리 끝냈다. 부장님께 칭찬도 들어서 기분이 좋았다.

틀린 부분을 올바르게 고쳐 보세요.

correct English

ANSWERS

I usually **go to work** by bus, but today I **missed** the bus, so I **was late for work**. My director told us that Mr. Kim **called in sick**. He is a troublemaker, but he is kind and sincere. I like him a lot. I was worried about him. Anyway, today I **listened to** my director, **taking notes in my notebook** during the meeting and finished the task **quickly**. I **was praised** by him, so I felt good.

쉬어가는 페이지

단어만 제대로 말해도 왕초보 영어에서 벗어날 수 있습니다.
일상생활에서 많이 쓰는 영어, 혹시 이렇게 쓰고 있지 않나요?

- 모닝콜 morning call → wake-up call
- 모래시계 sand clock → hourglass
- 뮤직 박스 music box → juke box
- 믹서 mixer → blender / juicer
- 바바리코트 burberry coat → trench coat
- 바통 터치 baton touch → baton pass
- 본드 bond → glue / adhesive
- 백넘버 back number → uniform number
- 백댄서 back dancer → background dancer
- 백미러 back mirror → side mirror / room mirror
- 버전 업 version up → upgrade
- 볼펜 ball pen → ball-point pen

PART 4

상황별로 영작하기
대인관계

DAY 035

영어로 뭐라고 할까요?

나는 그와 친구가 되고 싶었다

이렇게 쓰셨나요?

I wanted to be friend with him.

얼마 전 알게 된 그 사람! 멋지고 착하고 예의도 바른 그 사람과 친구가 되고 싶은데 뭐라고 해야 할까요? '~와 친구가 되다', '~를 사귀다'라고 할 때는 make friends with ~ 또는 become friends with ~를 씁니다. 이때 friends는 꼭 -s를 붙여 복수형으로 써야 한다는 것에 주의하세요. 친구가 되는 것처럼 두 사람 또는 두 개 이상의 것이 있어 상호적으로 작용되는 것을 나타낼 때는 복수형으로 써야 합니다. 예를 들어 '~와 악수하다'는 shake hands with ~, '기차를 갈아타다'는 change trains, '~와 자리를 바꾸다'는 exchange seats with ~라고 하죠.

친구가 된 다음 좋은 관계를 유지하는 게 더 중요하죠. stay on good terms with ~라고 하면 '~와 좋은 사이로 잘 지내다'라는 뜻입니다. terms를 복수형으로 쓰면 '(친한) 사이', '(교제) 관계'라는 뜻이죠.

이렇게 쓴다!

I wanted to become friends with him.

왕초보 영어로 작문 연습

1 새 친구들을 사귀었다.

→ I ________ new ________ .

2 나는 그와 악수를 해서 기뻤다.

→ I was happy to ________ ________ ________ ________ .

3 기차를 갈아타야 했다. ~해야 하다 had to ~

→ I ________ ________ ________ ________ .

4 그 멋진 남자와 친구가 되고 싶다.

→ I want to ________ ________ ________ the nice guy.

5 우리 친구들과 좋은 관계를 유지하도록 하자.

→ Let's ________ ________ ________ ________ ________ our friends.

ANSWERS

1 I made new friends. **2** I was happy to shake hands with him.
3 I had to change trains. **4** I want to become friends with the nice guy.
5 Let's stay on good terms with our friends.

TIP

***친구에 대한 속담**

- 어려울 때 도와주는 친구가 진정한 친구이다.
  A friend in need is a friend indeed.
- 사람은 사귀는 친구를 보면 알 수 있다.
  A man is known by the company he keeps.

DAY 036

영어로 뭐라고 할까요?

짜증나고 지루하다

이렇게 쓰셨나요?

I am annoying and boring.

살다 보면 이런저런 복잡한 감정이 생기는 경우가 많죠. 감정이나 기분을 나타내는 동사들은 주로 타동사로 '~를 …하게 하다'라는 의미를 갖고 있습니다. 그래서 감정 타동사를 이용한 감정 표현은 수동태로 써야 합니다. annoy는 '~를 짜증나게 하다'라는 뜻인데, 주어가 짜증났다는 것을 표현하려면 다른 것에 의해 짜증이 난 것이므로 수동태로 I am annoyed라고 해야 하죠.

bore도 '~를 지루하게 하다'라는 뜻의 타동사입니다. '게임이 지루했다'는 게임이 지루하게 하는 것이므로 The game was boring이라고 하지만, '나는 지루했다'처럼 주어가 지루한 경우에는 수동태로 I was bored, 즉 다른 것에 의해 지루하게 되었다고 표현합니다.

이렇게 쓴다!

I am annoyed and bored.

왕초보 영어로 작문 연습

1 그는 항상 나를 짜증나게 한다. 항상 always

→ He ______ ______ ______.

2 그의 이야기는 너무 지루했다.

→ His story ______ ______ ______.

3 나는 그가 한 말에 짜증이 났다. ~에 짜증이 나다 be annoyed at

→ I ______ ______ ______ what he said.

4 그가 연설하는 동안 나는 지루했다. 연설 speech

→ I ______ ______ during ______ ______.

5 나는 그의 행동에 깜짝 놀랐다. ~에 깜짝 놀라다 be surprised at / 행동 behavior

→ I ______ ______ ______ his ______.

ANSWERS

1 He always annoys me. **2** His story was too boring.
3 I was annoyed at what he said. **4** I was bored during his speech.
5 I was surprised at his behavior.

TIP

*** '감정'을 나타내는 수동태 표현**

- 기쁘다 be delighted
- 만족하다 be satisfied
- 흥분하다 be excited
- 깜짝 놀라다 be surprised
- 무서워하다, 겁내다 be scared
- 화나다 be upset
- 성나다, 기분이 상하다 be offended
- 당황하다 be embarrassed
- 감동하다 be moved
- 피곤하다 be tired
- 걱정하다 be worried

DAY 037

영어로 뭐라고 할까요?

그와 만나기로 약속을 했다

이렇게 쓰셨나요?

I did promise to see him.

우리말에서는 시간 약속이나 뭔가를 하겠다는 약속(다짐)을 나타낼 때는 모두 같은 단어로 표현하지만, 영어에서는 상황에 따라 각각 다른 단어를 씁니다. 위에서 사용한 promise는 지각을 하지 않겠다거나 책을 많이 읽겠다는 등의 약속(다짐)을 할 때 사용합니다. 그냥 친구를 만나기로 한 약속일 경우에는 '~할 계획을 미리 세우다'라는 뜻의 arrange to ~를 사용하여 I arranged to meet him이라고 해야 합니다.

치료나 상담 예약을 위한 시간 약속은 appointment를 사용합니다. 예를 들어, '진찰 예약이 여섯 시에 되어 있다'는 I have an appointment at six o'clock to see a doctor라고 합니다. 호텔이나 비행기 등의 시설물을 사용하기 위한 예약인 reservation과 구분해서 알아두세요.

이렇게 쓴다!

I arranged to meet him.

왕초보 영어로 작문 연습

1 호텔 예약을 했다.

→ I ______ a hotel ______.

2 나는 치과 예약을 했다. 치과의 dental

→ I made ___ ______ ______________.

3 나는 선약이 있다. 이전의 previous

→ I ______ ___ ______ ______________.

4 늦잠을 자지 않겠다고 약속했다. 늦잠 자다 oversleep

→ I ______ not to ______.

5 5시에 그와 만나기로 약속했다.

→ I ______ ___ ______ ___ at five o'clock.

ANSWERS

1 I made a hotel reservation. **2** I made a dental appointment.
3 I have a previous appointment. **4** I promised not to oversleep.
5 I arranged to meet him at five o'clock.

TIP

***약속을 지켜라!**

'약속이나 예약을 하다'는 동사 make를 사용하여 make an appointment, make a promise, make a reservation으로 표현합니다. '약속을 지키다'는 keep a promise, '약속을 깨다'는 break a promise라고 하죠. 약속을 했으면 꼭 지키세요~ Please keep your promise!

DAY 038

영어로 뭐라고 할까요?

시간 좀 지켜라!

이렇게 쓰셨나요?

Keep the time!

시간을 나타내는 표현으로 time, hour, o'clock 등이 있는데, 이 단어들의 차이를 아시나요? time은 때의 흐름을 나타내는 전체적인 의미의 시간을 말합니다. hour(시간), minute(분), second(초)로 나뉘죠. o'clock은 of the clock의 줄임말로 정각 '~시'를 나타내는 말입니다. '즐거운 시간을 보냈다'라고 할 때는 I had a good time, '두 시간 공부했다'는 I studied for two hours, '그는 두 시에 떠났다'는 He left at two o'clock이라고 합니다.

'시간을 지켜라!'는 어떤 의미인가요? 이 문장에서 '지키다'는 집이나 지구를 지키는 것을 표현하는 keep과는 다른 의미입니다. 정해진 시간에 늦지 말라는 의미이니 Don't be late!라고 하거나 '시간을 엄수하는'이라는 뜻의 punctual을 사용하여 Be punctual!이라고 해야 합니다. 다른 사람에게 부탁이나 조언을 할 경우는 please를 덧붙이는 게 상대방에 대한 예의겠죠.

이렇게 쓴다!

Please don't be late!

왕초보 영어로 작문 연습

1 그는 언제나 시간을 지키지 않는다. (늘 늦는다)

→ He is ________ ________.

2 나는 세 시간 동안 그를 기다렸다. ~을 기다리다 wait for

→ I waited ________ ________ ________ three ________.

3 시간 좀 지켜라!

→ Please ________ ________ ________!

4 나는 시간을 지키려고 항상 노력한다.

→ I always try to ________ ________.

5 나는 항상 회의 시간을 꼭 지켰다.

→ I was ________ ________ ________ the meeting.

ANSWERS

1 He is always late. **2** I waited for him for three hours. **3** Please don't be late!
4 I always try to be punctual. **5** I was always punctual for the meetings.

TIP

***~할 시간이다**

'~할 시간이다'라는 표현은 'It's time for + 명사' 또는 'It's time to + 동사원형' 구문으로 나타내요. '아침 식사를 할 시간이다'는 It's time for breakfast, '이제 자야 할 시간이다'는 Now it's time to go to bed라고 하면 됩니다.

DAY 039

영어로 뭐라고 할까요?

우리는 그의 생일을 축하했다

이렇게 쓰셨나요?

We congratulated his birthday.

congratulate는 졸업이나 합격 등 힘든 과정을 겪은 후에 얻은 좋은 일에 대해서 축하의 말을 전할 때 사용하는 표현입니다. '…에 대해 ~를 축하하다'는 'congratulate ~ on …'이라고 합니다. '그의 졸업을 축하했다'는 I congratulated him on his graduation이라고 하면 되죠. 생일은 힘든 과정을 겪어야 오는 날이 아니니, 생일을 축하한다고 할 땐 가볍게 Happy birthday to you라고 하면 됩니다.

한편 기념일이나 생일 등 특별한 날을 기념하기 위해 파티를 열거나 기념식을 하는 것은 celebrate라고 합니다. '우리는 부모님의 결혼기념일을 축하해 드렸다'는 We celebrated our parents' wedding anniversary라고 하면 되겠죠. 그리고 '파티를 열다'는 throw a party라고 합니다. 여러분이 깜짝 파티를 열 계획이라면 이렇게 쓰면 됩니다. "We plan to throw a surprise party."

이렇게 쓴다!

We celebrated his birthday.

왕초보 영어로 작문 연습

1 사촌의 탄생을 축하해 주었다. 사촌 cousin

→ I ______________ my cousin's birth.

2 결혼기념일을 축하드립니다!

→ Happy ____________ ________________!

3 우리는 크리스마스를 기념하는 파티를 했다.

→ We had a party to ___________ Christmas.

4 우리는 그의 우승을 축하해 주었다. 우승 win

→ We ________________ him ____ his win.

5 우리 가족은 아버지의 승진을 축하했다. 승진 promotion

→ My family congratulated my father ____ ____ ______.

ANSWERS

1 I celebrated my cousin's birth. **2** Happy wedding anniversary!
3 We had a party to celebrate Christmas. **4** We congratulated him on his win.
5 My family congratulated my father on his promotion.

TIP

***즐거운 파티**

- 신년 파티 New Year's party
- 파자마 파티 pajama party
- 음식 지참 파티 potluck dinner
- 동창회 reunion party
- 환영 파티 welcome party
- 송별회 farewell party
- 총각 파티 bachelor party
- 예비신부 파티 bridal shower
- 결혼 피로연 wedding reception
- 집들이 housewarming party
- 아기 출산 예비 파티 baby shower
- 추수 감사 파티 Thanksgiving party

DAY 040

영어로 뭐라고 할까요?

그는 나에게 거짓말을 했다

이렇게 쓰셨나요?

He said me a lie.

say는 단순히 어떤 사실을 말할 때, tell은 어떤 의도를 가지고 말할 때 사용합니다. 그래서 '거짓말을 하다'라고 할 때는 동사 say가 아니라 tell을 써서 tell a lie라고 하거나 한 단어로 lie라고 합니다. lie가 '거짓말하다'라는 뜻의 동사로도 쓰이기 때문이죠. 따라서 '그는 나에게 거짓말을 했다'는 He told me a lie 또는 He lied to me라고 할 수 있습니다.

거짓말을 하다가 들통이 났나요? My lie came to light라고 하면 됩니다. come to light는 '진실이 밝혀지다'라는 뜻입니다. 사실대로 말하라고 하네요. Please be frank with me, 즉 '나에게 솔직히 말해 봐'라고 하면 되겠죠. 이제 진실을 이야기할 때가 됐군요. I told the truth, 진실을 다 이야기했어요. 앞으로는 절대 거짓말하지 않겠다고 다짐했죠. I decided never to tell a lie.

이렇게 쓴다!

He told me a lie.

왕초보 영어로 작문 연습

1 악의 없는 거짓말은 괜찮다. 악의 없는 거짓말 white lie

→ It's okay to ______ ______ ______.

2 그는 종종 거짓말을 한다.

→ He often ______ ______.

3 그의 거짓말이 들통났다.

→ His ______ ______ ______ ______.

4 나는 그에게 솔직히 말하고 싶었다.

→ I wanted to ______ ______ ______ him.

5 어쨌거나 그에게 진실을 말하지 않았다.

→ Anyway I didn't ______ him the ______.

ANSWERS

1 It's okay to tell white lies. **2** He often tells lies. **3** His lie came to light.
4 I wanted to be frank with him. **5** Anyway I didn't tell him the truth.

TIP

***농담 혹은 진담?**

나는 진지하게 이야기하고 있는데 친구가 '너 농담하니?' Are you joking?이라고 하네요. '아니, 나 진담이야!'를 뭐라고 할까요? No, I am serious라고 하면 됩니다. He often makes jokes. His jokes are always corny. 그 사람은 농담을 자주 하는데 그의 농담은 언제나 썰렁하다고요? corny는 '케케묵은', '진부한'이란 뜻으로 농담이 썰렁하다고 말할 때 사용합니다.

DAY 041

영어로 뭐라고 할까요?

그는 미국으로 떠날 계획이다

이렇게 쓰셨나요?

He is plan to leave America.

'~할 계획이다'는 'plan to+동사원형'의 형태로 표현합니다. 그리고 동사 leave는 '~를 떠나다'라는 뜻으로 뒤에는 장소를 나타내는 말이 옵니다. leave America라고 하면 '미국을 떠나다'라는 뜻이죠. 그런데 여기서는 한국에서 미국으로 가는 것이니 '~를 향해 떠나다'라는 뜻으로 leave for라고 써야 합니다. leave와 leave for는 정반대의 뜻이라는 점 주의하세요. He planned to leave for America라고 해야 합니다.

친구가 떠나는 날, 배웅하러 공항에 나갔나요? '~를 배웅하다'는 see ~ off라고 합니다. I went to the airport to see him off라고 하면 '나는 그를 배웅하러 공항에 갔다'라는 말이 됩니다.

이렇게 쓴다!

He planned to leave for America.

왕초보 영어로 작문 연습

1 그냥 집에 있을 계획이다. 머물다 stay

→ I ________ ______ ________ at home.

2 나는 곧 한국을 떠나고 싶다. 곧 soon

→ I want to ________ __________ ________.

3 나는 내일 공항에 갈 계획이다.

→ I ______ to go _____ _____ _________ tomorrow.

4 우리는 송별회를 할 계획이다. 송별회 farewell party

→ We ______ _____ have a __________ ______.

5 그가 아무 말 없이 서울로 떠났다. 아무 말 없이 without a word

→ He ______ _____ Seoul _______ ___ _______.

ANSWERS

1 I plan to stay at home. **2** I want to leave Korea soon.
3 I plan to go to the airport tomorrow. **4** We plan to have a farewell party.
5 He left for Seoul without a word.

TIP

***시원섭섭하다**

곁에 있던 누군가가 멀리 떠나가게 되면 시원섭섭하기 마련이죠. '시원섭섭하다'는 표현은 영어로 bittersweet이라고 해요. 이 말은 '쓰면서도 달콤한', '괴로우면서도 즐거운'이라는 의미입니다. '시원섭섭했어요'라고 말해 보세요. It was bittersweet이라고요.

DAY 042

영어로 뭐라고 할까요?

그가 보고 싶어 죽겠다

이렇게 쓰셨나요?

I will be dead to see him.

누군가를 만나고 싶을 때는 I want to see him이라고 합니다. 단, 이 문장은 상대방에게 용무 등이 있어서 보고 싶다는 뜻이고, 단순하게 보고 싶은 것이 아닌 그리워 보고 싶을 때는 I miss him이라고 합니다.

그렇다면 '~하고 싶어 죽겠다'는 어떻게 표현할까요? 이때는 'be dying to+동사원형' 구문을 쓰면 됩니다. '그가 보고 싶어 죽겠다'는 I'm dying to see him이라고 하면 되죠. 또한 'be dying of+명사'라고 하면 '~해 죽겠다'라는 말입니다. '갈증 나 죽겠다'는 I am dying of thirst, '배고파 죽겠다'는 I'm dying of hunger라고 합니다.

이렇게 쓴다!

그가 보고 싶다.

I miss him.

그가 보고 싶어 죽겠다.

I'm dying to see him.

왕초보 영어로 작문 연습

1 나는 네가 보고 싶을 거야.

→ I will ________ ________.

2 엄마가 그립다.

→ I ________ ________ mom.

3 자고 싶어 죽겠다.

→ I ________ ________ ________ go to bed.

4 지루해 죽겠다. 지루함 boredom

→ I'm ________ ________ boredom.

5 여행 가고 싶어 죽겠다.

→ I'm ________ ________ take a trip.

ANSWERS

1 I will miss you. **2** I miss my mom. **3** I am dying to go to bed.
4 I'm dying of boredom. **5** I'm dying to take a trip.

TIP

***바람맞아 보셨나요?**

만나기로 한 친구가 연락도 없이 바람을 맞히는군요. 배신감도 느껴지고 기분도 참 언짢죠. '그가 나를 바람맞혔어'를 영어로 표현하면 He stood me up이라고 해요. stand ~ up은 '약속 시간에 오지 않다', '바람맞히다'라는 표현입니다.

DAY 043

영어로 뭐라고 할까요?

그를 찾아보았다

이렇게 쓰셨나요?

I found him.

우리말로 '찾다'에 해당하는 영어 표현으로 look for와 find가 있는데, 그 속뜻이 다르기 때문에 구분해서 사용해야 합니다. look for는 필요하거나 잃어버린 것을 찾는 '동작이나 과정'을 나타내는 말로 '찾아보다'의 의미입니다. find는 look for 하는 '동작 후의 결과', 즉 '찾다', '발견하다'를 나타내는 말이죠. find out이라고 하면 경험이나 연구를 통해서 알아내는 것을 말합니다. 사전에서 단어를 찾아보는 것은 look up, 수색하거나 탐색하여 찾는 것은 search라고 합니다.

'내가 너를 찾고 있었는데, 너 어디 있었니?'라고 할 때 '찾다'는 look for를 써야겠죠? I was looking for you, where were you?라고 합니다. '내가 그를 찾아보았는데 찾지 못했어'라고 할 경우에는 I looked for him, but I couldn't find him이라면 하면 되죠.

이렇게 쓴다!

I looked for him.

왕초보 영어로 작문 연습

1 드디어 일자리를 찾았다.

→ Finally ______ ______ a job.

2 그를 찾을 수가 없었다.

→ I ______ ______ ______.

3 나는 아르바이트로 할 일을 찾아보았다.

→ I ______ ______ a part-time job.

4 여기저기로 안내원을 찾아보았다. 여기저기 here and there

→ I ______ ______ a guide ______ and ______.

5 나는 사전에서 단어들을 찾아보았다. 사전 dictionary

→ I ______ ______ words in the ______.

ANSWERS

1 Finally I found a job. **2** I couldn't find him. **3** I looked for a part-time job.
4 I looked for a guide here and there. **5** I looked up words in the dictionary.

TIP

***없어졌어요!**

어~ 시계가 어디 갔지? 시간을 보려는데 시계가 없어졌어요. 누가 가져갔나? 어쩌나! 비싼 시계인데…. 이렇게 무언가가 있어야 할 자리에 없을 경우 missing이라고 표현합니다. 시계가 없어졌을 경우 My watch is missing이라고 해요.

DAY 044

영어로 뭐라고 할까요?

시내에서 친구들과 놀았다

이렇게 쓰셨나요?

I played in the downtown with my friends.

장난감 같은 놀이 도구를 가지고 놀거나 또는 경기를 하거나 게임을 하는 것은 play를 써서 나타냅니다. 예를 들어 '인형을 가지고 놀다'는 play with a doll, '축구를 하다'는 play soccer, '컴퓨터 게임을 하다'는 play a computer game이라고 하죠.

시내에서 카페나 PC방 같은 곳에서 긴 시간 머물러 있으면서 놀거나 돌아다니며 노는 것은 play(×)라고 하지 않고 hang out 또는 hang around라고 합니다. hang의 과거형은 hung입니다. hang의 과거형을 hanged(×)라고 쓰면 '교수형에 처하다'라는 의미가 되므로 주의하세요. downtown은 '시내에', '시내에서'라는 뜻의 부사로, 그 앞에 전치사를 쓸 필요가 없습니다. 따라서 '시내에서 친구들과 놀았다'는 I hung out downtown with my friends라고 해야 합니다.

이렇게 쓴다!

I hung out downtown with my friends.

왕초보 영어로 작문 연습

1 그는 컴퓨터 게임을 하는 것을 좋아한다.

→ He likes to ______ ______ ______.

2 그들은 숨바꼭질을 하였다. 숨바꼭질 hide-and-seek

→ They ______ ______.

3 꼬마들이 바람개비를 가지고 놀고 있었다. 바람개비 pinwheel

→ The kids were ______ ______ pinwheels.

4 하루 종일 시내에서 친구들과 놀았다. 하루 종일 all day

→ I ______ ______ ______ with my friends all day.

5 그는 나에게 PC방에 죽치고 앉아 있지 말라고 말했다. PC방 Internet cafe

→ He told me not to ______ ______ Internet cafes.

ANSWERS

1 He likes to play computer games. **2** They played hide-and-seek.
3 The kids were playing with pinwheels.
4 I hung out downtown with my friends all day.
5 He told me not to hang around Internet cafes.

TIP

***사인을 받았어요!**

시내를 배회하다가 좋아하는 가수를 우연히 만났어요. 용기를 내어 사인을 해 달라고 했죠. 그의 사인을 받았어요! 이 말을 I got a sign(×)이라고 하면 안 돼요. sign은 간판이나 표지판을 가리키는 말이며, 유명한 사람이 해 주는 사인은 autograph, 서류나 편지 끝에 하는 사인은 signature라고 하니까, 연예인에게 사인을 받았을 때는 I got an autograph라고 해야 합니다.

DAY 045

영어로 뭐라고 할까요?

그에게 전화번호를 가르쳐 주었다

이렇게 쓰셨나요?

I taught him my phone number.

우리말로는 '알려주다'라는 말을 '가르치다'라고 표현하는 경우가 많습니다. 그래서 가르쳐 주었다는 말을 무조건 teach로 표현하는 실수를 범하곤 합니다. teach는 (학문이나 기술 등을 다른 사람에게) '가르치다'라는 뜻입니다. 전화번호를 가르쳐 주었다는 이야기는 그저 단순히 말로 알려준 것이죠. 이렇게 이름이나 길 등을 알려주는 경우에는 '말해주다'라는 뜻의 tell이나 '(정보를) 알려주다'라는 뜻의 give를 사용해야 합니다.

'그녀가 나에게 김치 만드는 방법을 가르쳐 주었다'는 She taught me how to make kimchi, '그에게 교회로 가는 길을 가르쳐 주었다'는 I told him the way to the church라고 합니다. 가르쳐 주는 것과 단순히 말로 알려주는 것을 구분하여 표현하세요.

이렇게 쓴다!

I told him my phone number.

왕초보 영어로 작문 연습

1 내가 여동생에게 영어를 가르친다.

→ I ______ ______ to my sister.

2 그에게 그녀의 주소를 가르쳐 주었다.

→ I ______ him ______ ______.

3 그녀에게 나의 여행에 대해서 알려 주었다.

→ I ______ ______ about ______ ______.

4 그에게 컴퓨터 사용하는 방법을 가르쳐 주었다.

→ I ______ ______ how to use the computer.

5 그에게 우체국 가는 길을 가르쳐 주었다. 우체국 post office

→ I ______ him the ______ ______ the post office.

ANSWERS

1 I teach English to my sister **2** I told him her address.
3 I told her about my trip. **4** I taught him how to use the computer.
5 I told him the way to the post office.

TIP

*'show'의 뜻은 '알려주다'?

길을 알려주거나 다른 사람들에게 시연을 하면서 가르쳐 주는 경우에는 동사 show를 사용하기도 해요. '시청 가는 길을 알려주시겠어요?'는 Could you show me the way to the city hall?, '그는 나에게 수영하는 법을 보여 주었다'는 He showed me how to swim이라고 하면 됩니다.

DAY 046

영어로 뭐라고 할까요?

우리 계속 연락하자!

이렇게 쓰셨나요?

Let's continue to contact.

'~하는 것을 계속하다'는 continue 다음에 to부정사나 동명사(-ing)를 쓰거나 'keep (on)+-ing' 구문으로 표현합니다. '그는 계속해서 나에게 이야기를 했다'라고 할 때 He continued talking[to talk] to me 또는 He kept on talking to me라고 하면 되죠. 그러나 계속 연락하고 지내자는 말은 continue나 keep을 사용하지 않고 표현하는 말이 따로 있습니다.

전화나 편지로 연락을 취하는 것은 get in touch, 연락이 끊어진 것은 lose touch라고 합니다. 계속 연락을 주고받으며 지낸다는 말은 keep in touch 또는 keep in contact라고 합니다. 그래서 '우리 계속 연락하자!'는 Let's keep in touch!라고 하면 되죠.

이렇게 쓴다!

Let's keep in touch!

왕초보 영어로 작문 연습

1 옛 친구들과 연락이 끊어졌다.

→ I ______ ______ ______ my old friends.

2 옛 친구들과 다시 연락이 되었다.

→ I ______ ______ ______ ______ my old friends again.

3 우리는 서로 계속 연락을 주고받았다. 서로 each other

→ We ______ ______ ______ with each other.

4 나는 그와 연락이 되기를 바란다.

→ I hope to ______ ______ ______ with him again.

5 나는 그와 계속 연락하고 싶다.

→ I want to ______ ______ ______ ______ ______.

ANSWERS

1 I lost touch with my old friends. **2** I got in touch with my old friends again.
3 We kept in touch with each other. **4** I hope to get in touch with him again.
5 I want to keep in touch with him.

TIP

＊'touch'의 여러 가지 뜻

touch는 닿거나 접촉하는 것을 나타내는, 즉 '만지다, 접촉하다'의 의미입니다. 뿐만 아니라 다른 사람의 마음을 움직여 '감동시키다'라는 뜻도 가지고 있어요. 그래서 I was touched by the story라고 하면 '나는 그 이야기에 감동받았다'는 말이에요. 또한 touch는 명사로 '접촉', '연락', '편지 왕래', '교제'라는 의미도 있어요.

실력 확인하기

다음 글에서 색자로 된 부분은 broken English입니다. 어떻게 고쳐야 할까요?

broken English

A tall man moved to my neighborhood. I became friend with him. He was very ashamed. We got along with us and sometimes hanged around downtown together. On his birthday, I gave him a gift in congratulating his birthday. However, he often says a lie, and doesn't usually keep the time. I can't understand his mind. I am difficult to stay well with him, so I decided my mind not to see him again. I wanted to leave for him. He taught me his phone number, but I didn't continue to contact with him.

어느 키 큰 남자가 우리 동네로 이사 왔다. 나는 그와 친구가 되었다. 그는 부끄럼을 잘 탔다. 우리는 서로 잘 지냈으며, 가끔 시내를 함께 돌아다니곤 했다. 그의 생일 때에는 생일을 축하하며 선물을 주기도 했다. 그런데 그는 가끔 거짓말을 하고 평소에 시간도 잘 지키지 않는다. 나는 그의 마음을 이해할 수가 없다. 그와 잘 지내기가 어렵다. 그래서 그와 다시는 만나지 않기로 마음먹었다. 나는 그에게서 떠나고 싶었다. 그는 나에게 전화번호를 알려주었지만, 연락은 하지 않고 있다.

틀린 부분을 올바르게 고쳐 보세요.

correct English

ANSWERS

A tall man moved to my neighborhood. I **became friends** with him. He was very shy. We **got along with each other**, and sometimes **hung around** downtown together. On his birthday, I gave him a gift **to celebrate** his birthday. However, he often **tells lies**, and **is usually late**. I can't **understand him. I have trouble getting along well with** him, so I **decided** not to see him again. I wanted to **leave him**. He **told** me his phone number, but I didn't **keep in touch** with him.

쉬어가는 페이지

단어만 제대로 말해도 왕초보 영어에서 벗어날 수 있습니다.
일상생활에서 많이 쓰는 영어, 혹시 이렇게 쓰고 있지 않나요?

월급	salary → monthly pay
비닐봉지	vinyl bag → plastic bag
비닐하우스	vinyl house → greenhouse
비디오카메라	video camera → video camcorder
비치파라솔	beach parasol → beach umbrella
비프가스	beef gas → beef cutlet
빌라	villa → tenement
사이다	cider → soda pop / Sprite / 7-Up
사이드 브레이크	side brake → emergency brake
샐러리맨	salary man → salaried worker
서클	circle → club
세트 메뉴	set menu → combo meal
샤프	sharp → mechanical pencil
셔터	shutter → release button
슈퍼	super → supermarket
스낵 코너	snack corner → snack bar
스카치테이프	scotch tape → sticky tape

PART 5

상황별로 영작하기

취미생활

DAY 047

영어로 뭐라고 할까요?

몇 명의 친구들과 축구를 했다

이렇게 쓰셨나요?

I played the soccer with some my friends.

I played the piano에서처럼 악기 이름 앞에는 정관사 the를 써야 합니다. 하지만 축구(soccer), 배구(volleyball), 야구(baseball), 농구(basketball), 배드민턴(badminton), 골프(golf) 등과 같은 운동 경기 앞에는 정관사 the를 쓰지 않습니다. 그래서 '축구를 했다'는 I played soccer라고 해야 하죠.

'내 친구 한 명'은 영어로 a my friend(×)라고 하지 않습니다. a(an), the, this, that, some, any, another, no 등의 한정사는 소유격과 함께 오지 못하기 때문이죠. 이럴 경우 '한정사+명사+of+소유대명사'의 형태로 바꾸어 써야 하는데, 이를 '이중소유격'이라고 합니다. 그래서 '내 친구 한 명'은 a friend of mine으로, '몇 명의 친구들'은 some friends of mine이라고 표현합니다.

이렇게 쓴다!

I played soccer with some friends of mine.

왕초보 영어로 작문 연습

1 나는 일이 끝난 후에 항상 농구를 한다.

→ I always ______ ______ after work.

2 나는 골프를 잘 친다. 잘하다 be good at+-ing

→ I am ______ ______ ______ ______.

3 그가 내 책 몇 권을 분실했다.

→ He lost ______ ______ of mine.

4 나는 그와 배드민턴 치는 것을 좋아한다. 배드민턴 badminton

→ I ______ ______ ______ ______ with him.

5 우연히 그의 친구 한 명을 만났다. 우연히 만나다 come across

→ I ______ ______ a ______ of ______.

ANSWERS

1 I always play basketball after work. **2** I am good at playing golf.
3 He lost some books of mine. **4** I like to play badminton with him.
5 I came across a friend of his.

TIP

***소유격과 소유대명사**

'~의'에 해당하는 인칭대명사의 소유격은 my(나의), your(너의), his(그의), her(그녀의), our(우리의), your(너희의), their(그들의)이며, '~의 것'을 나타내는 소유대명사는 mine(나의 것), yours(너의 것), his(그의 것), hers(그녀의 것), ours(우리의 것), yours(너희의 것), theirs(그들의 것)입니다.

DAY 048

영어로 뭐라고 할까요?

나는 일주일에 한 번 수영하러 간다

이렇게 쓰셨나요?

I go to swim one time a week.

여럿이 함께 하는 운동 경기나 구기 종목을 할 때는 play soccer, play tennis처럼 play 동사와 함께 쓰지만, 수영이나 스케이트처럼 혼자서 하는 스포츠 또는 오락이나 취미활동을 위한 것은 'go -ing' 형태로 표현합니다. 예를 들면 go swimming(수영하다), go skiing(스키를 타다), go jogging(조깅하다), go hiking(등산하다) 등이 있죠.

횟수를 나타낼 때 '한 번'은 one time(×)이 아니라 once라고 합니다. 그리고 '두 번'은 twice, '세 번'부터는 ~ times를 붙여서 three times, four times 등으로 표현합니다. '일주일에 한 번'은 once a week인데, 이때 a는 '~당'의 의미입니다. 그럼 '일 년에 다섯 번'은 영어로 뭐라고 할까요? five times a year라고 하면 됩니다. 그리고 '이 주에 한 번'이라고 할 때는 every other week, '이틀에 한 번'은 every other day라고 합니다.

이렇게 쓴다!

I go swimming once a week.

왕초보 영어로 작문 연습

1 우리 가족은 겨울마다 스키를 탄다.

→ My family ______ ______ every winter.

2 친구들과 볼링을 쳤다.

→ I ______ ______ ______ my friends.

3 우리 아버지는 낚시 가시는 것을 좋아하신다. 낚시 fishing

→ My father ______ ______ ______ ______.

4 나는 일주일에 두 번씩 수영하러 간다.

→ I ______ ______ ______ a ______.

5 나는 매일 아침마다 조깅을 한다.

→ I ______ ______ ______ morning.

ANSWERS

1 My family goes skiing every winter. **2** I went bowling with my friends.
3 My father likes to go fishing. **4** I go swimming twice a week.
5 I go jogging every morning.

TIP

***'피구', '족구'는 영어로 뭐라고 하나요?**

피구는 일정한 구역 안에서 공으로 상대편을 맞히는 공놀이를 말하죠. 날아오는 공을 잘 피해야만 이길 승산이 있어요. '피구'는 영어로 dodge ball이라고 해요. dodge가 '몸을 살짝 피한다'는 의미죠. 그리고 발로 공을 차서 네트를 넘기는 '족구'는 kick ball이라고 합니다.

DAY 049

영어로 뭐라고 할까요?

우리 가족은 모두 해외로 가기로 했다

이렇게 쓰셨나요?

My family all decided to go to abroad.

가족이 전부 간다고 해서 my family all(×)이라고 했나 봐요. 하지만 정해진 '~ 모두'를 표현할 경우엔 'all one's/the+명사'의 형태로 써야 합니다. '우리 가족 모두'는 all my family, '그 돈 모두'는 all the money, '그 사람들 모두'는 all the people이라고 하죠.

앞서 home이 '집에'라는 뜻의 부사라고 한 것 기억나세요? there(거기에, 거기로), here(여기에, 여기로), downtown(시내로, 시내에), abroad(해외로), upstairs(위층으로), downstairs(아래층으로) 등도 home과 같은 장소부사로, '~로', '~에'의 의미를 포함하고 있기 때문에 그 앞에 전치사를 쓰지 않아요. 그래서 '우리 가족은 모두 해외로 가기로 했다'는 All my family decided to go abroad라고 합니다.

이렇게 쓴다!

All my family decided to go abroad.

왕초보 영어로 작문 연습

1 어제 나는 돈을 다 잃었다.

→ I lost ______ ______ ______ yesterday.

2 집안일 모두를 내가 다 했다. 집안일 housework

→ I ______ ______ the ______.

3 우리는 그 음식을 다 먹었다.

→ We ______ ______ ______ ______.

4 나는 위층으로 올라갔다.

→ I ______ ______.

5 그는 유학 가고 싶어 한다.

→ He ______ ______ ______ ______.

ANSWERS

1 I lost all my money yesterday. **2** I did all the housework.
3 We ate all the food. **4** I went upstairs. **5** He wants to study abroad.

TIP

***전치사를 쓰면 안 되는 시간 표현**

장소부사 앞에 전치사를 쓰지 않는 것처럼 this(이번 ~), last(지난 ~), next(다음 ~), every(매~), one/some(어느~) 등과 함께 쓰는 시간 표현 앞에서도 전치사를 쓰지 않아요. '이번 주에 그가 돌아왔다'는 He came back on this week가 아니라 He came back this week라고 해야 합니다.

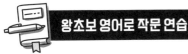

DAY 050

▲ 영어로 뭐라고 할까요?

나의 노래방 18번은 ○○다

이렇게 쓰셨나요?

My eighteen number song is OO in the singing room.

흔히 노래방을 singing room이라고 하지만 이것은 한국식 영어 표현입니다. 노래방은 일본에서 온 문화이기 때문에 가라오케(karaoke)라는 말을 쓰죠. karaoke는 '가짜 오케스트라'의 의미로 노래 없는 무반주 장치를 뜻합니다.

노래방에 가면 빠트리지 않고 꼭 부르는 18번 노래가 있다고요? 18번 노래를 eighteen number song이라고 하면 우리는 이해할 수 있지만 원어민이 들으면 아마 어리둥절해 할 거예요. 18번 노래는 자신이 가장 좋아하는 노래를 일컫는 말이므로 favorite song이라고 표현하는 게 좋습니다. favorite는 '가장 좋아하는 것'이라는 뜻의 명사로도, '가장 좋아하는'이라는 뜻의 형용사로도 쓰입니다.

이렇게 쓴다!

My favorite song is OO in a karaoke.

왕초보 영어로 작문 연습

1 내가 가장 좋아하는 노래는 ○○다.

→ My ________ ________ is ○○.

2 내가 가장 좋아하는 가수는 ○○○이다.

→ My ________ ________ ____ ○○○.

3 우리는 저녁 식사 후에 노래방에 갔다.

→ We ________ to a ________ after dinner.

4 내가 제일 먼저 마이크를 잡았다. 제일 먼저 first

→ I took ____ ________ ________.

5 그는 노래를 잘 한다. 노래를 잘하다 sing like a bird

→ He ________ ____ ___ ____.

ANSWERS

1 My favorite song is OO. **2** My favorite singer is OOO.
3 We went to a karaoke after dinner. **4** I took the microphone first.
5 He sings like a bird.

TIP

***노래방에 가면 노래만 부르는 게 아니죠**

- 노래를 선곡하다 select the song
- 목청을 가다듬다 clear one's throat
- 교대로 노래를 부르다 sing by turns
- 탬버린을 흔들다 shake the tambourine
- 박수를 치다 clap
- 발장단을 맞추다 tap
- 춤추다 dance

DAY 051

영어로 뭐라고 할까요?

스키 타는 것을 배웠다

이렇게 쓰셨나요?

I studied skiing.

무언가를 공부한다거나 배운다는 의미의 표현으로 study와 learn이 있습니다. 우리말로는 비슷한 것 같지만, 영어에서는 의미가 많이 다르죠. study는 수업 중에 수학이나 사회 같은 특정 과목을 '공부하다'의 의미이고, learn은 운전이나 수영하는 방법 등과 같은 어떤 기술이나 방법을 경험을 통해서 배우는 것을 말합니다. 또한 무언가를 배우느라 레슨을 받는 것은 take ~ lesson이라고 표현합니다.

learn은 어떤 구체적인 기술을 배우는 것을 표현할 수 있습니다. '~하는 방법을 배우다'라고 할 때 'learn how to ~' 또는 'learn to ~' 구문을 쓰죠. '스키를 배웠다'라는 말은 스키에 대해서 공부했다는 것이 아니라 '스키 타는 방법을 배웠다'는 것이므로 I learned how to ski라고 해야 합니다.

이렇게 쓴다!

I learned how to ski.

왕초보 영어로 작문 연습

1 나는 골프 치는 것을 배웠다.

→ I ______ ______ ______ play golf.

2 나는 하루에 한 시간씩 불어를 공부한다. 불어 French

→ I ______ ______ one hour ______ ______.

3 운전하는 방법을 배울 필요가 있다. 운전하다 drive

→ I need to ______ ______ ______ ______.

4 나는 기타 연주하는 것을 배우고 싶다. 기타 guitar

→ I want to ______ ______ ______ ______ the guitar.

5 나는 일주일에 세 번 클라리넷 레슨을 받는다.

→ I ______ clarinet lessons ______ ______ a week.

ANSWERS

1 I learned how to play golf. **2** I study French one hour a day.
3 I need to learn how to drive. **4** I want to learn how to play the guitar.
5 I take clarinet lessons three times a week.

TIP

***훈련을 받는 것은?**

특정 분야에 대한 훈련을 받을 경우는 train을 써서 표현합니다. 예를 들어, '나는 암벽 등반을 위한 훈련을 받고 있다'라고 할 때는 I am training for rock climbing이라고 하죠. 우리가 운동할 때 입는 추리닝은 training을 잘못 발음한 것으로, 미국에서는 sweatshirts 또는 training suit, jogging suit, tracksuit 등으로 표현합니다.

DAY 052

영어로 뭐라고 할까요?

빨리 스키를 타고 싶다

이렇게 쓰셨나요?

I want to ski fast.

빨리 하고 싶다고 해서 fast라고 쓰면 안 되죠. ski fast는 스키를 빠른 속도로 탄다는 의미입니다. 여기서 '빨리'는 '빠른 시간 내에 얼른 무언가를 몹시 하고 싶다'는 의미이니 'can't wait for+명사' 또는 'can't wait to+동사원형'으로 표현합니다.

이외에도 '~을 몹시 하고 싶다', '열망하다', '갈망하다'를 나타내는 표현으로는 be anxious to ~, be eager to ~, long to ~가 있습니다. to 다음에는 하고 싶은 것을 나타내는 동사의 원형을 쓰면 됩니다. 명사형을 쓰고자 할 경우에는 to 대신에 'for+명사'의 형태로 씁니다. 예를 들어, '나는 그를 몹시 만나고 싶다'는 I am anxious to see him, '우리는 평화를 갈망한다'는 We are anxious for peace라고 합니다.

이렇게 쓴다!

I can't wait to ski.

왕초보 영어로 작문 연습

1 빨리 저녁을 먹고 싶다.

→ I ________ ________ to have ________.

2 빨리 그의 사진들을 보고 싶었다.

→ I ________ ________ to see his pictures.

3 빨리 그의 새 차를 보고 싶다.

→ I ________ ________ ____ see his new car.

4 빨리 놀이공원에 가고 싶다. 놀이공원 amusement park

→ I ______ ______ ______ ____ to the amusement park.

5 나는 꼭 그 대학에 들어가기를 갈망한다.

→ I am ________ ____ ________ the university.

ANSWERS

1 I can't wait to have dinner. **2** I couldn't wait to see his pictures.
3 I can't wait to see his new car. **4** I can't wait to go to the amusement park.
5 I am anxious to enter the university.

TIP

***계절 스포츠**

- 여름 스포츠 스쿠버 다이빙 scuba diving, 스노클링 snorkeling, 요트 타기 yachting, 래프팅 rafting, 수상 스키 water skiing, 파도타기 surfboarding, 윈드서핑 windsurfing
- 겨울 스포츠 스키 skiing, 스케이트 skating, 스노보딩 snow boarding, 눈썰매 타기 snow sledding

DAY 053

영어로 뭐라고 할까요?

나는 테니스를 잘 못한다

이렇게 쓰셨나요?

I am bad at tennis.

자신이 못하는 것을 할 때는 주눅이 들기 마련이죠. '~을 잘 못하다'는 'be poor at ~'이라고 해요. 테니스를 잘 못할 경우에는 I am poor at tennis 또는 I am a poor tennis player라고 하면 됩니다.

반면에 잘하는 것을 할 때는 신이 나죠? '~을 잘한다'는 'be good at ~'이라고 합니다. '컴퓨터를 잘한다'는 I am good at computers라고 하면 되죠. 수영을 잘한다면 I am good at swimming, I can swim well 또는 I am a good swimmer라고 할 수 있습니다.

연습이나 경험을 통해 익숙해진 경우 'be used to + 명사/동명사(-ing)' 구문으로 표현할 수 있습니다. 서양 음식에 익숙해져서 잘 먹는다고 할 경우에는 I am used to Western foods라고 하면 됩니다.

이렇게 쓴다!

I am poor at tennis.

왕초보 영어로 작문 연습

1 나는 스포츠를 잘한다. 스포츠 sports

→ I am ______ ______ ______.

2 나는 노래를 잘한다.

→ I ______ ______ at singing.

3 나는 그림 그리기를 못한다. 그림 그리기 drawing

→ I ______ ______ ______ ______.

4 나는 달리기를 잘 못한다.

→ I ______ ______ ______ running.

5 그는 양고기에 익숙해져서 잘 먹는다. 양고기 mutton

→ He ______ ______ to mutton.

ANSWERS

1 I am good at sports. **2** I am good at singing. **3** I am poor at drawing.
4 I am poor at running. **5** He is used to mutton.

TIP

＊'신나다'를 영어로 어떻게 표현할까요?

무슨 좋은 일이 있어 신났던 경우, 감정이 흥분되어 있는 상태를 표현하기 위해서는 I was excited라고 하면 돼요. '그 경기는 신나는 경기였다'라고 할 때의 '신나는'은 '신나게 하는'의 의미이므로 The game was exciting이라고 해야 하죠.

DAY 054

영어로 뭐라고 할까요?

우리가 금메달을 땄다

이렇게 쓰셨나요?

We took a gold medal.

스포츠 경기나 게임에서 우승을 위해 정정당당하게 열심히 싸우는 모습은 언제나 아름답죠. 우승을 해서 '우리가 그 경기를 이겼다'라고 할 경우 win의 과거형 won을 사용해 We won the game이라고 합니다. win은 '이기다'뿐 아니라 '(상을) 타다', '(메달을) 따다', '(상금을) 획득하다'의 뜻으로도 사용되기 때문이죠. 금메달을 땄을 때는 We took a gold medal이라고 하기 쉬운데, 이때도 동사 win을 사용하여 We won a gold medal이라고 합니다.

패배했을 때는 동사 lose를 사용하여 표현합니다. '우리 팀이 축구 경기에서 졌다'는 We lost the soccer game이라고 하죠. 동점으로 경기가 끝났을 경우엔 The game was a tie라고 하면 됩니다. tie가 양복 입을 때 매는 '넥타이'라는 뜻도 있지만 '동점', '무승부'라는 의미도 가지고 있답니다.

이렇게 쓴다!

We won a gold medal.

왕초보 영어로 작문 연습

1 우리가 모든 경기를 이겼다.

→ We ________ ________ ________ games.

2 우리 팀이 야구 경기에서 졌다.

→ We ________ ________ ________ game.

3 결국 그 게임은 동점으로 끝났다. 결국 finally

→ ________ the game ________ ________ ________.

4 내가 대상을 받았다. 대상 grand prize

→ I ________ ________ ________ ________.

5 경기에서 이기는 것이 중요한 것은 아니다.

→ It is not important ________ ________ games.

ANSWERS

1 We won all the games. **2** We lost the baseball game.
3 Finally the game was a tie. **4** I won the grand prize.
5 It is not important to win games.

TIP

*** '막상 막하'의 경기**

손에 땀을 쥐게 하는 아슬아슬한 경기를 보는 것도 흥미로운 일이죠. '막상막하의 경기였다'는 It was a close game 또는 The game was neck and neck이라고 해요. 막상막하의 경기에서 이겼을 경우의 승리감은 또 대단하죠. 그럴 때 할 수 있는 말 '더할 나위 없이 좋았다'는 I couldn't be better이라고 해요.

DAY 055

영어로 뭐라고 할까요?

곧 휴가가 다가온다

이렇게 쓰셨나요?

The vacation comes soon.

즐거운 휴가가 곧 다가오고 있습니다. '곧 ~가 다가오다'라는 표현은 be around the corner로 나타내는데, 이는 어떤 일이나 사건이 모퉁이 주변에 있어서 곧 닥치게 된다는 의미이죠. 또는 동사 draw를 사용하여 draw near라고도 합니다. '곧 있으면 휴가다', '곧 휴가가 다가온다'는 The vacation is around the corner 또는 The vacation is drawing near라고 합니다.

'~에게 다가오다', '접근하다'의 또 다른 표현으로는 approach, walk up to가 있습니다. '한 낯선 남자가 나에게 다가왔다'는 A strange man approached me 또는 A strange man walked up to me라고 하면 되죠. 이때 동사 approach가 '~에'라는 to의 의미까지 포함하고 있기 때문에 approach 다음에는 전치사 to를 쓰지 않는다는 것 기억하세요.

이렇게 쓴다!

The vacation is around the corner.

왕초보 영어로 작문 연습

1 크리스마스가 곧 다가온다.

→ Christmas is ______ ______ ______.

2 곧 설날이다.

→ New Year's Day is ______ ______.

3 밸런타인데이가 바로 코앞이다.

→ Valentine's Day is just ______ ______ ______.

4 키 큰 한 남자가 나에게 다가왔다.

→ A tall man ______ ______ ______ me.

5 나는 천천히 그에게 접근했다.

→ I ______ ______ slowly.

ANSWERS

1 Christmas is around the corner. **2** New Year's Day is drawing near.
3 Valentine's Day is just around the corner. **4** A tall man walked up to me.
5 I approached him slowly.

TIP

***궁지로 몰다**

만화 영화 〈톰과 제리〉를 보면 고양이 톰이 제리를 구석으로 몰아넣는 장면이 나옵니다. '~를 궁지에 몰아넣다'라는 말은 drive ~ into a corner입니다. '톰이 제리를 코너로 몰아간다'는 Tom drives Jerry into a corner라고 하면 되죠.

DAY 056

영어로 뭐라고 할까요?

이번 여행이 기대되었다

이렇게 쓰셨나요?

I expected this picnic.

흔히 학교에서 가는 소풍을 picnic이라고 하지만, picnic은 간단히 먹을 음식을 가지고 야외로 나들이 가는 것을 말합니다. 학교나 직장에서 단체로 가는 비교적 짧은 소풍은 trip이라 합니다. 수학여행처럼 교통수단을 이용하여 가는 비교적 긴 소풍은 excursion이라고 하죠. 또 tour는 관광을 위한 여행, journey는 길고 힘든 여행, backpacking은 배낭여행, travel은 오랜 기간 동안 여러 가지를 경험하면서 다니는 여행을 의미합니다.

어떤 여행이든 떠나기 전날에는 설레고 기대가 되죠. expect는 일이 어떻게 되리라고 예상하는 경우에 사용하는 말입니다. '나는 그런 폭우가 오리라고는 예상하지 않았다'는 expect를 사용하여 I didn't expect such a heavy rain이라고 하죠. 무언가를 기다리며 학수고대하는 것은 'look forward to + 명사/동명사(-ing)' 구문으로 표현합니다. to 다음에 동사원형이 아닌 명사나 동명사가 와야 한다는 것에 주의하세요.

이렇게 쓴다!

I looked forward to this trip.

왕초보 영어로 작문 연습

1 나는 좋은 결과를 기대하지 않았다. 결과 result

→ I didn't ______ a ______ ______.

2 나는 그 영화가 흥미로울 것이라고 기대했다. 흥미로운 exciting

→ I ______ that the movie would be ______.

3 우리는 이번 관광을 학수고대하고 있다.

→ We ______ ______ ______ ______ this tour.

4 이번 휴가가 기대된다. 휴가 vacation

→ I ______ ______ ______ this ______.

5 네 소식 기다릴게.

→ I'm ______ ______ ______ ______ from you.

ANSWERS

1 I didn't expect a good result. **2** I expected that the movie would be exciting.
3 We are looking forward to this tour. **4** I look forward to this vacation.
5 I'm looking forward to hearing from you.

TIP

***관광을 가다**

'관광을 갔다'라고 할 때 I went tour라고 하지 않아요. 소풍이나 여행을 가는 것을 나타낼 때는 go on a picnic, go on a tour, go on an excursion, go on a journey처럼 'go on ~'을 사용하여 표현해요. 그리고 trip은 take a trip, backpacking은 go backpacking으로 나타내고, travel은 동사형으로 많이 사용되죠.

DAY 057

영어로 뭐라고 할까요?

우리는 재미있게 놀았다

이렇게 쓰셨나요?

We played interesting.

'놀다'라는 뜻의 play는 뒤에 운동경기, 게임, 놀이 또는 악기 이름이 와서 '경기를 하다', '(게임·놀이를) 하다', '(악기를) 연주하다'라는 뜻을 나타내기도 합니다. '숨바꼭질을 하다'는 play hide-and-seek, '원반던지기를 하다'는 play frisbee, '카드놀이를 하다'는 play cards, '공 잡기 놀이를 하다'는 play catch, '장기를 두다'는 play chess라고 하는데, 이처럼 '어떤 놀이를 하다'라고 할 때 동사 play를 사용합니다.

그저 단순히 놀았다는 것은 play로 표현하지 않는 게 좋습니다. '재미있게 게임을 했다'라고 할 경우는 I enjoyed the game이라고 할 수 있는데, 이는 게임하는 것을 즐겼다는 말이죠. '재미있게 놀았다'는 말은 '즐거운 시간을 보냈다'는 의미이므로 have a good time 또는 have fun이라고 합니다. 이제부터 '우리는 재미있게 놀았다'는 We had a good time 또는 We had fun이라고 하세요.

이렇게 쓴다!

We had a good time.

왕초보 영어로 작문 연습

1 공원에서 원반던지기 놀이를 했다.

→ I ______ ______ in the park.

2 하루 종일 남동생과 체스를 두었다. 하루 종일 all day

→ I ______ ______ with my brother ______ day.

3 우리는 즐겁게 노래를 했다. 노래 부르기 singing

→ We ______ ______.

4 우리는 매우 즐겁게 놀았다.

→ We ______ a lot of ______.

5 오늘 친구들과 재미있게 놀았다.

→ Today I had ______ ______ ______ ______ my friends.

ANSWERS

1 I played frisbee in the park. **2** I played chess with my brother all day.
3 We enjoyed singing. **4** We had a lot of fun.
5 Today I had a good time with my friends.

TIP

***기분이 좋을 때**

'기분이 좋다'는 보통 I feel good이라고 하지만 I am in high spirits, I am in a good mood라고도 해요. 세상을 다 얻은 듯한 기분이었을 경우에는 I feel like I am on top of the world라고 하면 됩니다.

실력 확인하기

다음 글에서 색자로 된 부분은 broken English입니다. 어떻게 고쳐야 할까요?

broken English

I like several sports. I play the soccer with some friends almost every day. I go to swim one time a week. I climb mountains on weekends. Last winter I studied skiing. I'll go skiing this winter. I'll prepare a snowboard when I go skiing. I want to ski fast. On the other hand, my brother likes to go to a singing room. His like song is 'Lemon tree' of Fools Garden. He is bad at dancing. I'll go to a ski camp in a few days. I expect the camp. I hope it'll be interesting time.

나는 여러 스포츠를 좋아한다. 나는 거의 매일 몇몇 친구들과 축구를 한다. 일주일에 한 번은 수영하러 간다. 주말에는 등산을 한다. 작년 겨울에는 스키를 배웠다. 올 겨울에도 스키 타러 갈 것이다. 스키 타러 갈 때 스노보드도 준비할 것이다. 빨리 스키를 타러 가고 싶다. 반면, 내 남동생은 노래방에 가는 것을 좋아한다. 동생이 가장 좋아하는 노래는 Fools Garden이 부른 'Lemon tree'이다. 그러나 그는 춤은 잘 못 춘다. 며칠 후면 스키캠프를 갈 것이다. 캠프가 기대된다. 재미있는 시간이 됐으면 좋겠다.

틀린 부분을 올바르게 고쳐 보세요.

correct English

ANSWERS

I like several sports. I **play soccer** with some friends almost every day. I **go swimming once** a week. I **go hiking** on weekends. Last winter I **learned how to ski**. I'll go skiing this winter. I'll bring a snowboard when I go skiing. I **can't wait to ski**. On the other hand, my brother likes to go to a **karaoke**. His **favorite song** is 'Lemon tree' by Fools Garden. He **is poor** at dancing. I'll **go to** a ski camp in a few days. I **look forward to** the camp. I hope **to have a good time**.

쉬어가는 페이지

단어만 제대로 말해도 왕초보 영어를 벗어날 수 있습니다.
일상생활에서 많이 쓰는 영어, 혹시 이렇게 쓰고 있지 않나요?

- 스킨 skin → toner
- 스킨십 skinship → physical contact
- 스탠드 stand → desk lamp
- 시에프 CF → commercial / advertisement
- 사인펜 sign pen → felt tip pen
- 사인 sign → autograph / signature
- 아르바이트 arbeit → part-time job
- 아이쇼핑 eye shopping → window shopping
- 아이스캔디 ice candy → popsicle
- 아이스커피 ice coffee → iced coffee
- 아파트 apart → apartment
- 알레르기 allergy → allergy(알러지)
- 애프터서비스 after service → after-sales service
- 앰프 amp → amplifier
- 에어로빅 aerobic → aerobics
- 에어컨 aircon → air conditioner
- 오디오 audio → sound system
- 오므라이스 omelet rice → omelette over rice
- 오바이트 overeat → vomit

PART 6

상황별로 영작하기

외모 / 성격

DAY 058

영어로 뭐라고 할까요?

나는 형과 닮았다

이렇게 쓰셨나요?

I resemble with my brother.

'~와 닮다'는 resemble을 사용하여 나타내는데, 이때 주의할 점은 resemble이 타동사이기 때문에 전치사 없이 바로 목적어를 써야 한다는 것입니다. '~와 닮다'라고 해서 전치사 with를 쓰면 안 됩니다. '나는 형과 닮았다'라고 하려면 I resemble my brother라고 해야 하죠. 어떤 사람이나 또는 다른 것과 비슷하게 생겼다는 것을 나타낼 때는 'look like + 명사' 구문으로 표현합니다. '그 여자아이는 인형처럼 생겼다'라고 할 경우 The girl looks like a doll이라고 하면 되겠죠.

resemble은 외모가 서로 닮았다는 말이고, 성격이 닮았다고 할 경우 take after를 사용합니다. '나는 엄마의 성격을 닮았다'는 I take after my mother라고 하죠.

이렇게 쓴다!

I resemble my brother.

왕초보 영어로 작문 연습

1 나는 부모님과 닮지 않았다.

→ I ______ ______ my parents.

2 내 동생은 우리 삼촌처럼 생겼다.

→ My brother ______ ______ my uncle.

3 그는 곰처럼 생겼다.

→ He ______ ______ ___ ______.

4 그 쌍둥이는 서로 닮았다. 쌍둥이 twins / 서로 each other

→ The ______ ______ each other.

5 나는 아버지의 성격을 닮았다.

→ I ______ ______ my father.

ANSWERS

1 I don't resemble my parents. **2** My brother looks like my uncle.
3 He looks like a bear. **4** The twins resemble each other.
5 I take after my father.

TIP

***I have my mom's nose?**

그대로 해석하면 '나는 엄마의 코를 가지고 있다'라는 말인데 무슨 뜻일까요? 바로 '나는 엄마 코를 닮았다'라는 의미랍니다. 그럼 '나는 아버지의 눈을 닮았다'는 어떻게 표현할까요? 네~ I have my father's eyes라고 하면 되겠죠.

DAY 059

영어로 뭐라고 할까요?

나는 형과 아주 다르다

이렇게 쓰셨나요?

I am very different with my brother.

외모는 닮아도 성격은 무척 다른 형제자매들이 많죠. '~와 다르다'는 be different from ~으로 표현합니다. 이때 '~와'에 해당하는 전치사가 with(×)가 아니라 from이라는 것에 주의하세요. 그래서 '나는 형과 아주 다르다'는 I am very different from my brother라고 합니다.

그럼, 이와 반대의 의미를 가진 표현은 무엇일까요? 보통 형용사 앞에 in이나 im이 붙으면 반대어가 되니 indifferent라고 생각하기 쉽지만, 이 단어는 '무관심한'이라는 뜻의 전혀 다른 단어입니다. different의 반대어로는 '비슷한'이라는 뜻의 similar를 많이 씁니다. similar도 전치사 with를 쓰지 않고 to를 써서 be similar to ~라고 해야 합니다.

이렇게 쓴다!

I am very different from my brother.

왕초보 영어로 작문 연습

1 그의 의견은 내 의견과 매우 다르다.

→ His opinion is very ________ ________ mine.

2 그들은 서로 너무 다르다. 서로(셋 이상) one another

→ They are ________ ________ ________ one another.

3 그는 나에게 정말 무관심하다. 무관심한 indifferent

→ He ________ ________ ________ to me.

4 나는 패션에 무관심하다. 패션 fashion

→ I am ________ ________ fashion.

5 그녀의 헤어스타일이 나와 비슷하다.

→ Her hair style ________ ________ ________ mine.

ANSWERS

1 His opinion is very different from mine.
2 They are very different from one another. **3** He is really indifferent to me.
4 I am indifferent to fashion. **5** Her hair style is similar to mine.

TIP

***그때그때 달라요**

항상 변함없는 것이 아니라 상황에 따라 다른 경우에 할 수 있는 말이 '그때그때 달라요'란 말이죠. 영어로는 It depends라고 해요. depend는 '~에 달려 있다'라는 의미의 동사로, 그 뒤에 on each situation이 생략되어 있는 문장입니다.

DAY 060

영어로 뭐라고 할까요?

나는 키가 160cm이다

이렇게 쓰셨나요?

I am 160cm.

단순히 키가 크거나 작다고 말할 때는 I am tall이나 I am short이라고 합니다. 몸무게가 많이 나가서 뚱뚱할 경우는 I am fat, 날씬하다면 I am slim이라고 하죠. 그럼 정확한 키를 말할 땐 어떻게 할까요?

키(tall), 높이(high), 너비(wide), 깊이(deep), 길이(long), 나이(old) 등의 구체적인 단위를 표현할 때는 'be+수치+형용사' 구문을 씁니다. 건물 높이가 100m라는 것은 The building is 100m high이며, 그 상자의 너비가 2m라는 것은 The box is 2m wide라고 하죠. 구체적인 키를 이야기할 때는 I am 160cm tall이라고 합니다. 또는 My height is 160cm라고도 할 수 있습니다. 몸무게를 말할 때는 '무게가 나가다'라는 뜻의 동사 weigh를 사용하여 I weigh 70kg 또는 My weight is 70kg이라고 합니다.

이렇게 쓴다!

I am 160cm tall.

왕초보 영어로 작문 연습

1 우리 집은 10년 되었다.

→ My house is 10 ______ ______.

2 그 강의 깊이는 5m이다.

→ The river ______ 5m ______.

3 나는 키가 큰 편이다. ~한 편 kind of ~

→ I ______ ______ ______ ______.

4 나는 키가 180cm이다.

→ I ______ 180cm ______.

5 그녀는 몸무게가 70kg이다.

→ She ______ 70kg.

ANSWERS

1 My house is 10 years old. **2** The river is 5m deep. **3** I am kind of tall.
4 I am 180cm tall. **5** She weighs 70kg.

TIP

***탑 시크릿 Top secret**

다른 사람의 몸무게는 top secret입니다. 누군가가 나에게 이런 일급비밀을 말해줬다면, My lips are sealed라고 하세요. seal은 '밀봉하다'라는 말로 이 표현은 '내 입술을 열어 절대로 말하지 않겠다'는 의미입니다.

DAY 061

영어로 뭐라고 할까요?

나는 그보다 더 작아요

이렇게 쓰셨나요?

I am little than him.

little은 어리거나 모양이 작은 것을 나타내는 말입니다. 키가 작다고 할 때는 short을 써야 하죠. 비교를 나타낼 때는 '-er than ~' 구문을 씁니다. '더 -한/하게'라는 비교급은 형용사나 부사에 -er를 붙이거나 단어 앞에 more를 씁니다. 그리고 good은 better로, bad는 worse로, many/much는 more로 전혀 다른 단어로 바뀌는 경우도 있습니다.

비교할 때는 언제나 비교 대상이 같아야 합니다. 예를 들어, He likes you more than I는 '그는 나보다 (내가 너를 좋아하는 것보다) 너를 더 많이 좋아한다'가 되고, He likes you more than me는 목적어끼리 비교된 것이므로 '그는 나보다 (나를 좋아하는 것보다) 너를 더 많이 좋아한다'는 의미가 되죠. 나와 그의 키를 비교할 경우 I am shorter than he라고 해야 '나는 그보다 (그가 작은 것보다) 더 키가 작다'라는 말이 됩니다.

이렇게 쓴다!

I am shorter than he.

왕초보 영어로 작문 연습

1 그녀는 나보다 더 뚱뚱하다. 더 뚱뚱한 fatter

→ She is ______ ______ ______.

2 나는 우리 아버지보다 키가 더 크다.

→ I ______ ______ ______ my father.

3 내 여동생이 나보다 머리가 더 길다.

→ My sister ______ longer hair than ______.

4 그는 나보다 더 잘생겼다.

→ He ______ ______ ______ than I.

5 그는 나보다 더 착한 것 같다. 더 착한 better

→ I think he is ______ ______ ______.

ANSWERS

1 She is fatter than I. **2** I am taller than my father.
3 My sister has longer hair than I. **4** He is more handsome than I.
5 I think he is better than I.

TIP

***'as~as + 명사' 동물 비유 표현**

- 돼지처럼 뚱뚱한 as fat as a pig
- 종달새처럼 즐거운 as happy as a lark
- 벌처럼 바쁜 as busy as a bee
- 올빼미처럼 현명한 as wise as an owl
- 여우처럼 교활한 as sly as a fox
- 산토끼처럼 빠른 as fast as a hare
- 강아지처럼 쾌활한 as playful as a puppy

DAY 062

영어로 뭐라고 할까요?

그녀는 피부가 하얗다

이렇게 쓰셨나요?

Her skin is white.

우리는 피부에 대해서 이야기할 때 하얗거나 검다고 이야기하죠. 그래서 Her skin is white(×)라고 한다면 원어민은 의아하게 생각할 것입니다. 피부가 하얗다는 것은 피부가 하얀색이라는 뜻이 아니라 '깨끗하고 곱다'는 의미이므로 white가 아니라 fair라고 표현해야 합니다. Her skin is fair 또는 She has fair skin이라고 하죠.

또 피부가 검다고 해서 Her skin is black(×)이라고 하지 않습니다. 이때 검다는 것은 피부가 어두운 색이라는 뜻이니 Her skin is dark라고 합니다. 한편 햇볕에 많이 그을려서 피부가 까무잡잡하게 된 경우엔 She got a dark tan이라고 합니다. He is white라고 하면 그는 백인이라는 말이고, You look black이라고 하면 너는 흑인 같아 보인다는 말이니 주의하세요.

이렇게 쓴다!

Her skin is fair.

왕초보 영어로 작문 연습

1 나는 피부가 곱지 못하다.

→ I don't have ______ ______.

2 그녀는 햇볕에 많이 그을려서 까무잡잡하다.

→ She ______ a ______ ______.

3 그녀의 깨끗한 피부가 부럽다. 부러워하다 envy

→ I ______ her ______ ______.

4 나는 피부가 검은 편이다. ~한 편인 kind of ~

→ My skin is ______ ______ ______.

5 우리 가족은 다 피부가 검다.

→ All of my ______ ______ ______ ______.

* 가족 구성원을 개별적으로 생각할 때는 family를 복수로 취급한다.

ANSWERS

1 I don't have fair skin. **2** She got a dark tan. **3** I envy her fair skin.
4 My skin is kind of dark. **5** All of my family have dark skin.

TIP

***얼굴에 뭐가 났다고요?**

얼굴에 점, 주근깨도 있고 여드름도 나고 뾰루지도 나면 참 속상하죠. 점은 mole, 주근깨는 freckle, 여드름은 pimple, 뾰루지는 rash, 부스럼이나 종기는 boil, 주름은 wrinkle, 흉터는 scar, 물집은 blister, 긁힌 자국은 scratch라고 해요.

DAY 063

영어로 뭐라고 할까요?

그녀는 몸매가 좋다

이렇게 쓰셨나요?

Her body is good.

날씬하거나 운동으로 다부진 몸매를 갖춘 사람을 보면 참 부러운 생각이 들죠. figure라는 단어는 '숫자'라는 의미도 있지만 '모양', '몸매'를 나타내기도 합니다. She has a nice figure라고 하면 '그녀는 몸매가 좋다'라는 말이 되죠. body는 단순히 우리의 몸, 즉 신체를 가리키는 말이므로 Her body is good(×)은 몸매가 좋다는 말이 될 수 없습니다.

shape도 몸매를 표현할 때 사용할 수 있습니다. 몸매가 좋다고 할 때는 in good shape, 몸매가 엉망인 경우는 원래 모양을 잃었다는 의미인 out of shape를 써서 표현합니다. '몸매를 유지하다'는 keep in shape라고 하죠. 운동을 많이 해서 근육질인 남자에게는 He is muscular라고 할 수 있습니다.

이렇게 쓴다!

She is in good shape.

왕초보 영어로 작문 연습

1 나는 몸매가 엉망이다.

→ I am ______ ______ ______.

2 나는 몸매가 좀 멋졌으면 좋겠다.

→ I wish to ______ a nice ______.

3 나는 좋은 몸매를 유지하기 위해 노력하고 있다.

→ I'm trying to ______ ______ ______ ______.

4 그의 근육질의 몸이 부럽다.

→ I envy his ______ body.

5 멋진 몸매를 갖기 위해서 운동을 할 것이다. 운동하다 exercise

→ I will ______ to have ______ ______ ______.

ANSWERS

1 I am out of shape. **2** I wish to have a nice figure.
3 I'm trying to keep in good shape. **4** I envy his muscular body.
5 I will exercise to have a nice figure.

TIP

***얼짱! 몸짱!**

남자 친구가 얼짱, 몸짱이라고 자랑하고 싶나요? 얼짱이라고 할 때는 He is a good looker, 몸짱이라고 자랑하고 싶으면 He is in good shape라고 할 수 있어요. '그 사람이 킹카이군요'는 He is a hunk! hunk는 '아주 멋진 남자'를 뜻해요.

DAY 064

영어로 뭐라고 할까요?

살이 찌고 있다

이렇게 쓰셨나요?

I'm becoming heavy.

식욕은 줄지 않고 자꾸 먹는 것만 생각나고, 몸무게는 갑자기 늘어났네요. 그렇다고 해서 I'm becoming heavy(×), 즉 '무거워지고 있다'라고 표현할까요? 살이 찐다는 것은 '체중을 얻다'라는 뜻으로 gain weight라고 합니다. 반대로 '살이 빠지다'는 lose weight라고 하죠. weight 앞에 소유격 my를 붙이지 않는 것에 주의하세요. '살이 찌고 있다'는 I am gaining weight라고 하면 됩니다. 살을 좀 빼고 싶다고 할 경우에는 I want to lose weight라고 하면 되겠죠.

살이 쪘다고 생각되면 다이어트에 돌입하는 사람이 많죠? '다이어트를 하다'는 go on a diet라고 합니다. 다이어트를 위해 할 수 있는 일이 뭘까요? 아침마다 조깅하는 것 jog every morning도 좋겠고, 조금씩 먹는 것 eat like a bird도 필요하겠네요. 무엇보다도 규칙적으로 운동하는 것, 즉 work out regularly가 제일 중요하겠죠.

이렇게 쓴다!

I am gaining weight.

왕초보 영어로 작문 연습

1 살이 너무 많이 쪘다. 너무 많이 too much

→ I've ________ too much ________.

2 다이어트를 할 필요가 있다. ~할 필요가 있다 need to

→ I need to ____ ____ a ________.

3 살이 조금 빠졌다. 조금 a little

→ I've ________ a little ________.

4 살을 빼기 위해 아침마다 수영을 한다.

→ I go swimming every morning ____ ____ ____.

5 앞으로는 소식(小食)을 할 것이다. 앞으로 계속 from now on

→ I will ____ ____ ____ ____ from now on.

ANSWERS

1 I've gained too much weight. **2** I need to go on a diet
3 I've lost a little weight. **4** I go swimming every morning to lose weight.
5 I will eat like a bird from now on.

TIP

***과체중? 체중 미달?**

키와 몸무게를 함께 재는 도구에 올라가면 키에 비해 상대적으로 몸무게가 어떤지 알려주는 메시지가 나오지요. You're overweight(과체중입니다), You are normal(정상입니다), You're underweight(체중 미달입니다).

DAY 065

영어로 뭐라고 할까요?

멋지게 보이고 싶다

이렇게 쓰셨나요?

I want to look nicely.

look은 기본적으로 '보다'라는 뜻이지만 뒤에 오는 말에 따라 다양한 의미의 표현이 됩니다. 예를 들어 look at은 '~을 보다', look for는 '~를 찾다', look after는 '~를 돌보다'라는 뜻이죠. look like 뒤에 명사를 쓰면 '~처럼 보이다', look 다음에 형용사를 쓰면 '~하게 보이다'라는 뜻이 됩니다. 이때 '~하게'라고 해서 부사를 쓰면 안 됩니다. 꼭 형용사를 써야 한다는 것 기억하세요.

멋지게 보인다는 look nice, 지적으로 보인다는 look intelligent, 우아하게 보인다는 look elegant, 귀엽게 보인다는 look cute, 낯이 익다는 look familiar라고 합니다. 더 어려 보이고 싶은가요? 그러면 I want to look younger라고 하면 되겠네요.

이렇게 쓴다!

I want to look nice.

왕초보 영어로 작문 연습

1 그는 매우 아파 보인다.

→ He ______ very ______.

2 나는 까다롭게 보이고 싶지 않다. 까다로운 picky

→ I don't want to ______ ______.

3 그녀는 정말 수수하게 보인다. 수수한 plain

→ She ______ really ______.

4 나는 지적으로 보이고 싶다. 지적인 intelligent

→ I want to ______ ______.

5 그는 나이에 비해 어려 보인다. 나이에 비해 for one's age

→ He ______ ______ for his age.

ANSWERS

1 He looks very sick. **2** I don't want to look picky.
3 She looks really plain. **4** I want to look intelligent.
5 He looks young for his age.

TIP

*** '외모'를 나타내는 표현**

- 키 크고 날씬한 tall and slim
- 마르고 못생긴 skinny and ugly
- 작고 뚱뚱한 short and fat
- 보통 키에 근육질인 medium height and muscular
- 과체중에 땅딸막한 overweight and stout
- 잘생기고 매력적인 handsome and attractive

DAY 066

영어로 뭐라고 할까요?

머리를 깎았다

이렇게 쓰셨나요?

I cut my hair.

초급자들이 가장 많이 틀리는 표현 중 하나가 '머리를 깎았다'입니다. I cut my hair라고 하면 내가 직접 내 머리를 잘랐다는 말이 됩니다. 물론 본인이 직접 머리를 자른 경우에는 그렇게 말해도 되겠지만, 대부분은 미용실에 가서 자르죠. 미용사나 이발사에게 머리를 자르게 한 것이므로 사역동사 have를 사용해서 표현합니다. 'have+사람+동사원형'으로 쓰면 '~에게 …하도록 시키다'이고, 'have+사물+과거분사'으로 쓰면 '~가 …되도록 시키다'의 의미입니다.

'머리를 깎았다'는 I had the hairdresser cut my hair 또는 I had my hair cut이라고 할 수 있습니다. 머리는 보통 미용사에 의해 깎이는 것이므로 굳이 미용사를 언급하지 않는 후자의 문장을 씁니다. 사역동사를 사용하지 않고도 간단하게 have/get a haircut으로 표현하기도 합니다.

이렇게 쓴다!

I had my hair cut.

왕초보 영어로 작문 연습

1 머리를 짧게 잘랐다. 짧게 short

→ I ______ my hair ______ short.

2 그는 나에게 머리 좀 깎으라고 부탁했다. 하라고 부탁하다 ask ~ to

→ He asked ______ to get a ______.

3 머리를 길게 기르고 싶다. 기르다 grow

→ I want to ______ ______ ______ long.

4 머리 깎는 것을 피할 수가 없었다. 피하다 avoid -ing

→ I ______ avoid ______ ______ ______.

5 나는 머리 깎는 것이 정말 싫다. 싫다 hate

→ I really hate to ______ ______ ______.

ANSWERS

1 I had my hair cut short. **2** He asked me to get a haircut.
3 I want to grow my hair long. **4** I couldn't avoid getting a haircut.
5 I really hate to get a haircut.

TIP

***머리 모양도 가지가지**

- 단발머리 bob cut
- 짧은 머리 short hair
- 군인처럼 아주 짧은 머리 crew cut
- 거의 삭발 buzz cut
- 땋은 머리 pigtail
- 뒤로 질끈 묶은 머리 ponytail

DAY 067

영어로 뭐라고 할까요?

그는 항상 내 이야기를 잘 들어 준다

이렇게 쓰셨나요?

He always hears my story well.

그냥 들리는 것을 듣는 것은 hear, 그리고 잘 듣고자 귀 기울여 듣는 것은 listen to라고 합니다. I heard the radio는 틀어 놓은 라디오 소리가 들려서 그냥 듣는 것을 말하고, I listen to the radio는 관심 있는 프로그램을 귀 기울여 듣는다는 말하죠. 그래서 '엄마 말 좀 잘 들어라'는 Hear your mom well(×)이 아니라 Listen to your mom이라고 해야 합니다. 그가 항상 내 이야기를 잘 들어 준다는 말은 '나의 말에 귀 기울여 들어 준다'는 것이므로 He always listens to me라고 해야겠죠.

listen to와 비슷한 의미의 표현을 하나 더 알아볼까요? 'pay attention to ~'도 '~에 집중해서 잘 듣다'라는 뜻입니다.

이렇게 쓴다!

He always listens to me.

왕초보 영어로 작문 연습

1 밖에서 이상한 소리를 들었다. 소리 sound

→ I ________ a strange ________ outside.

2 우리는 부모님 말씀에 귀 기울여야 한다.

→ We should ________ ____ our parents.

3 나는 다른 사람들의 말을 귀 기울여 듣지 않는다.

→ I don't pay ____________ ____ others.

4 나는 언제나 그의 조언에 귀 기울인다. 조언 advice

→ I always ________ ____ his ________.

5 이젠 그녀의 잔소리가 듣기 싫다. 잔소리 nagging / 이젠 ~가 아니다 not ~ anymore

→ I don't want to ____ ____ ______ any more.

ANSWERS

1 I heard a strange sound outside. **2** We should listen to our parents.
3 I don't pay attention to others. **4** I always listen to his advice.
5 I don't want to hear her nagging any more.

TIP

***'I am all ears' 이게 무슨 말이죠?**

내가 온통 귀라고요? 이게 무슨 말인가요? 이 말은 '나는 귀 기울여 잘 듣고 있습니다'라는 말입니다. 한편, I can't believe my ears는 너무 엄청난 소식을 들어서 '도저히 믿기지 않는다'라는 표현이에요.

DAY 068

영어로 뭐라고 할까요?

그는 정말 웃긴다

이렇게 쓰셨나요?

He is really interesting.

어떤 사람이 재미있거나 웃긴다고 표현하는 단어로 제일 먼저 떠올리는 것이 interesting이죠. 그런데 interesting은 흥미롭고 특이한 이유로 관심을 끌게 하는 경우에 쓰는 말이에요. 만화책이 참 재미있었을 때는 The comic book was really interesting, 영화가 재미있었을 때도 The movie was interesting이라고 하면 됩니다.

그러나 사람들을 잘 웃기는 재밌는 사람은 interesting(×)이라고 표현하지 않고 funny하다고 해요. funny는 사람에게 웃음을 자아낼 수 있을 만큼 즐겁고 유쾌하다는 것을 나타내는 말로, 사물이나 일 또는 사람에게도 사용할 수 있습니다. funny는 '유머가 있다'는 humorous와도 비슷한 의미입니다. 참고로, 때로는 funny가 '우스꽝스러운'이라는 부정적인 뉘앙스로도 쓰인다는 것도 알아두세요.

이렇게 쓴다!

He is really funny.

왕초보 영어로 작문 연습

1 그가 나에게 재미있는 책을 한 권 주었다.

→ He gave ______ ______ ______ book.

2 우리 형은 정말 웃긴다.

→ My brother ______ ______ ______.

3 그의 이야기가 재미있었다.

→ His story ______ ______.

4 나는 웃긴 친구들이 많다.

→ I have a lot of ______ ______.

5 그 책은 재미있는 캐릭터들로 가득했다. ~로 가득하다 be full of

→ The book was ______ ______ ______ characters.

ANSWERS

1 He gave me an interesting book. **2** My bother is so funny.
3 His story was interesting. **4** I have a lot of funny friends.
5 The book was full of interesting characters.

TIP

***지루하다**

재미없거나 지루하다는 말은 boring이나 dull을 써서 나타내요. He is boring이라고 하면 '그는 (다른 사람을) 지루하게 한다'는 말이고 He is bored는 '그는 지루해 한다'라는 의미입니다. '그 소설은 정말 지루했다'는 The novel was really boring이라고 하면 됩니다.

DAY 069

영어로 뭐라고 할까요?

그는 자기 자신밖에 모른다

이렇게 쓰셨나요?

He knows only himself.

know는 어떤 사실이나 정보 또는 방법에 대해서 알고 있거나 이해한다는 것을 나타낼 때 사용하는 말입니다. 예를 들어 '나는 그들의 이름을 안다'는 I know his name, '나는 그들이 올 것이라는 것을 안다'는 I know that they will come, '나는 수영하는 법을 안다'는 I know how to swim이라고 하죠.

He knows only himself라고 하면 다른 사람은 이해하지 못하는 자신만의 세계에 빠져 사는 사람을 말합니다. 자기 자신밖에 모르고 다른 사람을 잘 배려하지 못할 때는 He cares only about himself라고 하죠. 그런 사람들을 이기적인 사람이라고 하므로 He is selfish라고도 할 수 있습니다.

이렇게 쓴다!

He cares only about himself.

왕초보 영어로 작문 연습

1 우리는 서로 잘 아는 사이다. 서로 each other

→ We ______ ______ ______ well.

2 나는 그가 좋은 사람이라는 것을 안다. 사람 person

→ I know that he is a ______ ______.

3 나는 이기적인 사람들을 싫어한다. 싫어하다 hate

→ I ______ ______ people.

4 내 동생은 자기 밖에 모른다.

→ My brother ______ only ______ ______.

5 나는 이기적이지 않으려고 노력하고 있다.

→ I am trying not ______ ______ ______.

ANSWERS

1 We know each other well. **2** I know that he is a good person.
3 I hate selfish people. **4** My brother cares only about himself.
5 I am trying not to be selfish.

TIP

***남을 배려하세요**

- 남을 잘 돌보며 배려하는 caring
- 사려가 깊은 considerate
- 이해심이 있는 understanding
- 편견이 없는 open-minded

실력 확인하기

다음 글에서 색자로 된 부분은 broken English입니다. 어떻게 고쳐야 할까요?

broken English

I resemble with my brother, so a few people often confuse us. I don't think we resemble much. I am 160cm and thin, and my brother is little than me and chubby. I have white skin and he has black skin. My nose is low and his is high. He is very interesting unlike me and he always hears my story. However, sometimes he thinks only himself. I sometimes fight with him, but we like each other.

나는 형과 닮았다. 그래서 몇몇 사람들은 종종 우리를 헷갈려 한다. 나는 우리가 그리 많이 닮았다고 생각하지 않는다. 나는 키가 160cm로 마른 편이고, 형은 나보다 작고 통통하다. 나는 피부가 하얗지만 형은 까무잡잡하다. 나는 코가 낮지만, 형은 코가 높다. 형은 나와는 달리 매우 재미있고, 언제나 내 이야기를 잘 들어 준다. 하지만 그는 가끔 자기 자신만 생각하기도 한다. 형과 가끔 다투긴 하지만, 우리는 서로 좋아한다.

틀린 부분을 올바르게 고쳐 보세요.

correct English

ANSWERS

I **resemble** my brother, so a few people often confuse us. I don't think we **resemble each other a lot**. I am **160cm tall** and thin, and my brother is **shorter than** I and chubby. I have **fair** skin and he has **a dark tan.** My nose is flat and his is big. He is very **funny** unlike me and he always **listens to me**. However, sometimes he **only cares about himself**. I sometimes quarrel with him, but we like each other.

쉬어가는 페이지

단어만 제대로 말해도 왕초보 영어를 벗어날 수 있습니다.
일상생활에서 많이 쓰는 영어, 혹시 이렇게 쓰고 있지 않나요?

✓ 오버	over → overcoat
✓ 오버헤드 킥	overhead kick → bicycle kick
✓ 오픈카	open car → convertible car
✓ 올 에이	all ‘A’ → straight ‘A’
✓ 올드미스	old miss → old maid
✓ 와이셔츠	Y-shirt → dress shirt
✓ 워커	walker → hiking boots
✓ 워커맨	walker man → cassette player
✓ 인터폰	interphone → intercom
✓ 전자레인지	electronic range → microwave oven
✓ 추리닝	training → sweat suit
✓ 치어걸	cheer girl → cheer leader
✓ 카레라이스	curry rice → curry and rice
✓ 카센터	car center → auto repair center
✓ 커닝	cunning → cheating
✓ 커닝 페이퍼	cunning paper → cheat sheet

PART 7

상황별로 영작하기

건강

DAY 070

영어로 뭐라고 할까요?

몸이 별로 안 좋다

이렇게 쓰셨나요?

My body is not good.

몸살 기운이 있거나 몸이 찌뿌듯할 때 뭐라고 할까요? 신체가 안 좋다는 뜻이 아니라 몸의 건강 상태가 안 좋다는 뜻이죠. 그럴 때는 동사 feel을 사용합니다. I don't feel good(×)이라고 하면 기분 상태를 나타내는 말로 '나는 기분이 안 좋다'라는 뜻이에요. 몸 상태가 안 좋을 때는 I don't feel well이라고 해야 합니다. 이때 well은 '잘'이라는 뜻의 부사가 아니라 '건강 상태가 좋은'이라는 의미의 형용사입니다. '몸 상태가 좀 좋아졌다'는 I feel better라고 하면 됩니다.

몸 상태가 안 좋을 때 쓸 수 있는 또 다른 표현으로 under the weather가 있습니다. Now I am under the weather는 '지금 몸 상태가 안 좋다'는 뜻입니다. My condition is not good이라고도 표현할 수 있습니다.

이렇게 쓴다!

I don't feel well.

왕초보 영어로 작문 연습

1 그는 몸 상태가 좋아 보인다. ~하게 보이다 look

→ He ______ ______.

2 지금은 좀 몸 상태가 나아졌다.

→ Now I ______ ______.

3 오늘 아침에는 몸이 좀 찌뿌듯했다.

→ I ______ ______ ______ this morning.

4 오늘 컨디션이 안 좋다.

→ Today ______ ______ isn't good.

5 나는 몸 상태가 빨리 좋아지길 바란다.

→ I hope to ______ ______ soon.

ANSWERS

1 He looks well. **2** Now I feel better. **3** I didn't feel well this morning.
4 Today my condition isn't good. **5** I hope to feel better soon.

TIP

***건강하다**

feel well은 단기간 동안의 건강 상태를 나타내는 말이고, 일반적으로 건강한 경우는 I am healthy라고 하죠. 튼튼하고 건강할 때 I am robust라고도 하고요. 체력이 좋다는 말은 I am athletic이라고 해요.

DAY 071

영어로 뭐라고 할까요?

머리가 아프다

이렇게 쓰셨나요?

My head is sick.

감기, 설사, 암과 같은 질병으로 인해 아플 때는 be sick, 어디를 다치거나 통증을 느끼는 경우는 hurt로 표현합니다. be sick은 주어를 사람으로 써야 합니다. hurt는 사람이 주어로 올 경우 수동형으로 써야 합니다. 예를 들어 '나는 매우 아팠다'는 I was very sick, '손가락이 아팠다'는 My finger hurt라고 하죠.

두통 headache, 편두통 migraine, 복통 stomachache, 치통 toothache 등의 병명이 있을 경우는 동사 have를 사용하여 나타냅니다. '이가 아프다'는 I have a toothache, 치통이 심할 경우는 I have a terrible toothache라고 하면 되죠. 머리가 아프다고 할 때 My head hurts라고 하면 머리에 상처가 나서 아프다는 말이고, I have a headache라고 하면 '두통이 있다'는 뜻입니다.

이렇게 쓴다!

I have a headache.

왕초보 영어로 작문 연습

1 나는 편두통이 있다. 편두통 migraine

→ I ______ ___ migraine.

2 나는 아파서 누워 있었다.

→ I was ______ ___ bed.

3 엄지발가락이 아팠다. 엄지발가락 big toe

→ My ___ ___ ______.

4 나는 배가 아프다.

→ I ______ ___ __________.

5 치통이 있어서 치과에 갔다. 치과 dentist's (office)

→ I went to the ______ because I had a ______.

ANSWERS

1 I have a migraine. **2** I was sick in bed. **3** My big toe hurt.
4 I have a stomachache.
5 I went to the dentist's because I had a toothache.

TIP

***아파서 고생했다**

어떤 일로 고생이라는 말을 표현할 때는 '~로 고통을 겪다', 즉 suffer from ~으로 나타내요. '배가 아파서 고생했다'는 I suffered from a stomachache, '나쁜 소문으로 고생했다'는 I suffered from the bad rumor라고 하면 되죠.

DAY 072

영어로 뭐라고 할까요?

콧물이 난다

이렇게 쓰셨나요?

I have a nose water.

감기에 걸리면, 콧물도 나고 기침도 나고 열도 나고…… 여러 증상이 한 번에 나타나 더욱 힘들게 하죠. 일반적인 감기는 cold, 독감은 influenza 또는 줄여서 flu, 코감기는 head cold나 sniffles라고 합니다. '감기에 걸리다'는 catch a cold, '감기에 걸려 있다'는 have a cold라고 하죠.

콧물이 흐른다고 할 때는 runny를 써서 I have a runny nose라고 하거나 My nose is running이라고 합니다. 콧물이라고 해서 nose water(×)라고 하지 않도록 주의하세요. '코가 막혔다'는 My nose was stuffy, '코를 훌쩍거렸다'는 I sniffled, '코를 풀었다'는 I blew my nose라고 합니다. 비염이 있는 경우엔 inflamed(염증이 있는)을 써서 I have an inflamed nose라고 합니다.

이렇게 쓴다!

I have a runny nose.

왕초보 영어로 작문 연습

1 코감기에 걸렸다.

→ I ______ ______ ______ cold.

2 콧물이 흐른다.

→ My nose ______ ______.

3 계속 코를 풀었다. 계속 ~하다 keep -ing

→ I kept ______ ______ ______.

4 나는 감기로 고생 중이다. ~로 고생하다 suffer from~

→ I am ______ ______ a cold.

5 나는 감기에 걸리지 않도록 조심해야 할 필요가 있다. ~하지 않도록 so that ~ not

→ I need to be careful so that ______ ______ ______ a cold.

ANSWERS

1 I have a head cold. **2** My nose is running. **3** I kept blowing my nose.
4 I am suffering from a cold.
5 I need to be careful so that I don't catch a cold.

TIP

***'코'와 관련된 표현**

- 나는 잠잘 때 코를 곤다. I snore when I sleep.
- 나는 코를 자주 후빈다. I often pick my nose.
- 코피가 난다. I have a bloody nose/nose bleed.
- 코가 헐었다. My nose has gotten sore.

DAY 073

영어로 뭐라고 할까요?

열이 높다

이렇게 쓰셨나요?

My heat is high.

몸에 질병이 생겨서 체온이 높아지는 증세인 발열 또는 열병은 heat라고 하지 않고 fever라고 합니다. heat은 공기의 온도로 높아진 열기나 물리적인 열을 나타내는 말이에요. '나는 몸에 열이 나는 것이 느껴진다'라고 할 때는 fever의 형용사형 feverish를 사용하여 I feel feverish라고 합니다. '몸에 열이 나다'는 I have a fever, '열이 높다'는 I have a high fever라고 하고, '미열이 있다'고 할 때는 I have a slight fever라고 합니다.

'열이 내렸다'는 My fever is gone이라고 합니다. 질병으로 인한 열병이 아니라 '체온이 높다'고 할 때는 I have a high temperature라고 하죠. 몸에 열이 나서 으스스 추워지고 오한이 날 때는 I have a chill이라고 하고, 열이 높아 나는 '식은땀'은 cold sweat이라고 합니다.

이렇게 쓴다!

I have a high fever.

왕초보 영어로 작문 연습

1 오한이 났다.

→ I ______ ______ ______.

2 고열이 났다.

→ I had ______ ______ ______.

3 미열이 있다. 가벼운 slight

→ I have ______ ______ ______.

4 열이 내렸다.

→ My ______ ______ ______.

5 열을 내리려고 옷을 벗었다. ~을 벗다 take off / ~을 내리다 bring down

→ I took my clothes off to ______ ______ my fever.

ANSWERS

1 I had a chill. **2** I had a high fever. **3** I have a slight fever.
4 My fever is gone. **5** I took my clothes off to bring down my fever.

TIP

***나 열 받았어!**

아프면 몸에 열이 난다고 하지만, 화가 나면 '열 받았다'고 하죠. 언짢은 일이 있어 열 받았을 때 영어로 어떻게 표현할까요? I got burned up이라고 해요. 화가 나서 몸이 후끈 달아올랐다는 말이에요.

DAY 074

영어로 뭐라고 할까요?

목이 아프다

이렇게 쓰셨나요?

My neck hurts.

My neck hurts라고 하면 목의 바깥 부분에 상처가 나서 아프다는 말이에요. 하지만 대부분 감기가 걸렸을 때 목이 아프다는 것은 목 안이 아픈 것을 의미하죠. neck은 신체 부위로서의 목이고, 입안의 목은 throat입니다. 그래서 목이 아프다는 말은 My throat hurts 또는 I have a sore throat라고 하죠.

목이 아플 때는 편도선(tonsil)이 부은 경우가 많죠? 이때는 My tonsils are swollen이라고 하면 됩니다. 편도선이 부으면 말을 할 때마다 목이 아프죠. 그럴 땐 My throat hurts whenever I talk라고 하면 되죠. 참고로, 이 문장에서 whenever는 '~할 때마다'라는 뜻입니다. 감기에 걸려 목이 쉬었을 때는 My voice is hoarse라고 하면 됩니다.

이렇게 쓴다!

I have a sore throat.

왕초보 영어로 작문 연습

1 목소리가 쉬었다. 목소리 voice

→ My ______ ______ ______.

2 목이 따끔거리고 아프다.

→ I ______ a ______ ______.

3 목이 아파서 고생했다. ~으로 고생하다 suffer from

→ I suffered from ______ ______ throat.

4 기침을 할 때마다 목이 아프다. 기침하다 cough

→ My throat ______ ______ ______ ______.

5 음식을 삼킬 때마다 목이 아프다. 삼키다 swallow

→ My throat ______ ______ ______ ______ food.

ANSWERS

1 My voice is hoarse. **2** I have a sore throat.
3 I suffered from a sore throat. **4** My throat hurts whenever I cough.
5 My throat hurts whenever I swallow food.

TIP

***감기 증상**

'기침을 하다'는 cough, '마른기침이 나다'는 have a dry cough, '재채기를 하다'는 sneeze라고 하죠. '가래가 나왔다'는 The phlegm[flém] came up, '감기가 폐렴이 되었다'는 My cold developed into pneumonia[njumóunjə]라고 해요.

DAY 075

영어로 뭐라고 할까요?

오바이트를 했다

이렇게 쓰셨나요?

I overate.

배탈이 나서 속이 메슥거리거나 멀미를 하여 토했을 때 우리는 오바이트를 한다고 하죠. 그런데 오바이트, 즉 영단어로 overeat는 '토하다'라는 의미가 아니라 '과식하다'라는 뜻이랍니다. I overate(×)라고 하면 '나는 너무 많이 먹었다'는 말이 되니 전달하고자 하는 것과 전혀 다른 뜻이 되죠. 그러면 '토하다'는 영어로 뭐라고 할까요? vomit 또는 throw up으로 표현합니다.

토하게 되는 원인들로는 무엇이 있을까요? '배탈이 났다'는 My stomach is upset, '식중독에 걸렸다'는 I got a food poisoning, '속이 메슥거렸다'는 I felt nauseous입니다. '멀미를 했다'는 'I feel ~'라고 합니다. '차멀미를 했다'는 I felt carsick, '뱃멀미를 했다'는 I felt seasick라고 하죠.

이렇게 쓴다!

I threw up.

왕초보 영어로 작문 연습

1 속이 메슥거렸다. 메스꺼운 nauseous

→ I ____ ____.

2 차멀미가 났다.

→ I ____ ____.

3 결국에는 토하고 말았다. 결국 at last

→ At ____ ____ ____.

4 갑자기 배가 아팠다.

→ Suddenly ____ ____ ____.

5 배탈이 난 것 같았다.

→ I thought ____ ____ was ____.

ANSWERS

1 I felt nauseous. **2** I felt carsick. **3** At last I vomited.
4 Suddenly my stomach hurt. **5** I thought my stomach was upset.

TIP

***~할 것 같다**

속이 울렁거리고 안 좋을 때 '토할 것 같다'는 어떻게 표현할까요? I feel like throwing up이라고 해요. 'feel like -ing'는 '~할 것 같다', '~하고 싶은 기분이 들다'라는 뜻이에요. I feel like crying이라고 하면 '울고 싶다'라는 뜻이죠.

DAY 076

영어로 뭐라고 할까요?

6시간마다 약을 먹었다

이렇게 쓰셨나요?

I ate the medicine at 6 hours.

먹는 것도 상황에 따라 다르게 표현합니다. 일반적인 음식을 먹을 때는 eat이나 have, 음료수나 술을 마실 때는 drink, 치료약이나 영양제 또는 한약을 먹을 경우는 take, 꿀꺽 삼키는 것은 swallow, 게걸스럽게 먹어 치우는 것은 devour, 먹이를 주거나 먹여 주는 것은 feed라고 합니다. '약을 먹었다'는 I took the medicine이라고 해야겠죠.

'~마다', '매 ~'를 나타낼 때는 시간 앞에 every를 쓰면 됩니다. '매일'은 every day, '매주'는 every week, '매월'은 every month, '매년'은 every year가 되죠. '6시간마다'는 every 6 hours라고 하면 됩니다.

이렇게 쓴다!

I took the medicine every 6 hours.

왕초보 영어로 작문 연습

1 아침을 일찍 먹었다.

→ I ______ ______ early.

2 나는 매일 약을 먹어야 한다.

→ I have to ______ ______ ______ every day.

3 하루에 세 번 두 개의 알약을 먹는다. 알약 tablet

→ I ______ ______ ______ three times a day.

4 나는 정말 약 먹는 것이 싫다.

→ I really hate to ______ ______.

5 6시간마다 감기약을 먹는다. 감기약 cold medicine

→ I ______ ______ ______ ______ every 6 hours.

ANSWERS

1 I had breakfast early. **2** I have to take the medicine every day.
3 I take two tablets three times a day. **4** I really hate to take medicines.
5 I take the cold medicine every 6 hours.

TIP

***약 종류**

- 시럽 syrup
- 알약 pill
- 가루약 powder
- 캡슐 capsule
- 연고 ointment
- 해독제 antidote
- 소화제 peptic
- 해열제 fever remedy
- 진통제 painkiller
- 수면제 sleeping pill
- 신경안정제 tranquilizer
- 안약 eye drops

DAY 077

영어로 뭐라고 할까요?

스트레스를 풀기 위해 운동을 한다

이렇게 쓰셨나요?

I work out to solve my stress.

만병의 근원 스트레스! 영어 공부 때문에 스트레스 많이 받죠. 그럴 땐 I got stressed because of English라고 말할 수 있습니다. get stressed가 스트레스를 받는다는 말이거든요. 스트레스 받게 하는 것을 주어로 써서 'stress ~ out'이라고 표현할 수 있습니다. The test stressed me out이라고 하면 '그 시험으로 스트레스를 많이 받았다'는 뜻이죠. 또는 give를 사용하여 The test gave me a lot of stress라고도 표현할 수 있습니다.

스트레스가 쌓이지 않도록 푸는 것도 중요하죠. 푸는 것이라고 해서 solve라는 동사를 사용하지 않습니다. solve는 문제를 풀거나 곤란한 일을 해결할 때 쓰는 말입니다. '스트레스를 푼다'는 relieve stress라고 하거나 '스트레스를 해소한다'는 의미로 get rid of stress라고 합니다.

이렇게 쓴다!

I work out to relieve my stress.

왕초보 영어로 작문 연습

1 그는 나에게 스트레스를 많이 준다.

→ He ______ ______ a lot of ______.

2 그 일 때문에 스트레스 받았다.

→ I ______ ______ because of the work.

3 스트레스를 푸는 게 중요하다. 중요한 important

→ It is ______ to ______ ______.

4 스트레스를 해소하려고 춤을 추었다.

→ I danced to ______ ______ ______ my stress.

5 우리는 규칙적으로 스트레스를 풀어야 할 필요가 있다. 규칙적으로 regularly

→ We need to ______ ______ ______ ______.

ANSWERS

1 He gives me a lot of stress. **2** I got stressed because of the work.
3 It is important to relieve stress. **4** I danced to get rid of my stress.
5 We need to relieve our stress regularly.

TIP

***네가 원하는 것이라면 무엇이든지~**

'네가 원하는 것이라면 무엇이든지 해 줄게!'는 영어로 Your wish is my command라고 합니다. 내가 하고 싶은 대로 누군가가 다 해 준다면 스트레스를 받을 일이 별로 없겠죠? ^_^

DAY 078

영어로 뭐라고 할까요?

운동을 해야겠다

이렇게 쓰셨나요?

I will do exercise.

'어떤 일을 해야겠다'는 말은 단순히 미래의 일을 의미하기보다는 '그 일을 해야 할 필요가 있다'는 뜻이겠죠? '~이 필요하다'는 need 다음에 명사를 쓰고, '~을 할 필요가 있다'는 'need to + 동사원형'으로 표현합니다. '운동이 좀 필요하다'는 I need some exercise, '운동을 할 필요가 있다'는 I need to exercise라고 하면 되죠.

exercise는 '운동'이라는 뜻의 명사와 '운동하다'라는 뜻의 동사, 이렇게 두 가지 품사로 쓰입니다. 따라서 '운동을 하다'는 do exercise라고 하지 않고 exercise 동사 하나로도 충분히 표현이 됩니다. 다른 말로 work out이 있는데, 이 말은 붙여 써서 workout이라고 하면 명사가 되고, work out이라고 띄어 쓰면 '운동하다'라는 동사가 됩니다.

이렇게 쓴다!

I need to exercise.

왕초보 영어로 작문 연습

1 나는 운동을 정말 많이 할 필요가 있다.

→ I really ________ a lot of ________.

2 매일 운동을 해야 할 필요가 있다.

→ I ________ ________ ________ every day.

3 꾸준히 운동하는 것이 더 좋다. 꾸준히 steadily

→ It's ________ to ________ ________.

4 규칙적인 운동은 건강에 좋다. 건강 health

→ Regular exercise ____ ________ ______ ________.

5 너무 많이 운동하는 것은 좋지 않다.

→ It's ____ good to ________ ________ too much.

ANSWERS

1 I really need a lot of exercise. **2** I need to exercise every day.
3 It's better to exercise steadily. **4** Regular exercise is good for health.
5 It's not good to work out too much.

TIP

*'운동'과 관련된 단어

- 달리기 running
- 조깅 jogging
- 아령 dumbbell
- 에어로빅 aerobics
- 러닝머신 treadmill
- 걷기 walking

DAY 079

영어로 뭐라고 할까요?

매년 하는 건강 검진을 했다

이렇게 쓰셨나요?

I got year health test.

건강 검진은 일년마다 정기적으로 해 주는 것이 좋다고 하죠. 건강 검진은 health test가 아니라 medical check-up이라고 해야 합니다. 매년 하는 건강 검진은 yearly medical check-up이라고 하죠.

건강 검진을 하기 위해서 하는 일들을 알아볼까요? 먼저 전날 하루 동안 금식(fast for one day)을 해야겠죠. 이때 fast는 '금식하다'라는 뜻의 동사로 쓰인 것입니다. 병원에 가서 건강 검진 문진표(medical check-up questionnaire)를 작성하고(fill out), 몸무게와 키(weight and height)를 측정한(measure) 다음, 혈압(blood pressure)과 맥박(pulse)도 재고, 엑스레이(X-ray)도 찍죠. 검진이 끝나면 건강하다는 결과가 나오기만을 기다려야겠죠.

이렇게 쓴다!

I got my yearly medical check-up.

왕초보 영어로 작문 연습

1 나는 한 번도 건강 검진을 받아 본 적이 없다. 한번도 ~ 않다 never / 받다 receive

→ I have never ______ ______ ______ ______.

2 건강 검진이 필요하다고 생각한다. 필요한 necessary

→ I think ______ ______ ______ is necessary.

3 매년 하는 건강 검진을 했다.

→ I ______ my ______ ______ ______.

4 건강 검진을 받기 전에 12시간 동안 금식했다.

→ I ______ for 12 hours before getting ______ ______ check-up.

5 간호사가 혈압과 맥박을 체크했다.

→ The nurse ______ ______ ______ ______ and ______.

ANSWERS

1 I have never received a medical check-up.
2 I think a medical check-up is necessary.
3 I got my yearly medical check-up.
4 I fasted for 12 hours before getting a medical check-up.
5 The nurse checked my blood pressure and pulse.

TIP

***터키의 건강 속담**

To the well man, every day is a feast. '건강한 사람에게는 매일이 축제의 날이다.' 즉 '건강하면 매일 즐겁다'는 뜻의 속담이에요. 여기서 well은 '건강한'이라는 형용사로 쓰인 거죠.

DAY 080

영어로 뭐라고 할까요?

건강하세요!

이렇게 쓰셨나요?

Have a good health!

병문안을 가면 '빨리 나으세요' 또는 '건강하세요'라고 말하곤 하죠. '병에서 회복하다'는 get over 또는 recover from이라고 합니다. '감기가 떨어졌다'는 I got over my cold 또는 I recovered from my cold라고 하죠.

아픈 상대방에게 쾌유를 빌 때는 I hope you'll get over your sickness라고 말합니다. '어서 회복하길 바랍니다'라고 할 때는 I hope you'll get well soon, '부디 건강하세요!'는 Please, stay healthy!, '건강하길 기원합니다'는 I wish you good health라고 합니다.

이렇게 쓴다!

Please, stay healthy!

왕초보 영어로 작문 연습

1 부디 건강하시길!

→ Please ______ ______!

2 건강하시길 기원합니다.

→ I wish ______ ______ ______.

3 내가 다시 건강해지길 바란다.

→ I hope to ______ ______ again.

4 그의 쾌유를 빈다. 질병 sickness

→ I hope he'll ______ ______ his ______.

5 빨리 감기가 나았으면 좋겠다. 빨리 quickly

→ I wish to ______ ______ my cold quickly.

ANSWERS

1 Please stay healthy! **2** I wish you good health. **3** I hope to get well again. **4** I hope he'll get over his sickness. **5** I wish to get over my cold quickly.

TIP

***기원합니다**

상대방에게 좋은 일이나 결과를 기원한다고 할 때 'I wish you ~' 구문으로 표현할 수 있습니다. '성공을 기원합니다'라고 할 때는 I wish you success, '행운이 있기를 기원합니다'는 I wish you good luck이라고 하면 되죠.

실력 확인하기

다음 글에서 색자로 된 부분은 broken English입니다. 어떻게 고쳐야 할까요?

broken English

Today my body was not good. My head was sick and a nose water. After lunch my heat was high and my neck was hurt. Suddenly my stomach was hurt. It might be because I had fish allergic and I had a fish gas for lunch. I overate. I went to the hospital. The doctor told me to get some rest. I took a shot in the hip. I have to eat the medicine three times a day. I will exercise to be healthier and be careful about what I eat.

오늘은 몸이 좋지 않았다. 머리도 아프고 콧물도 흘렀다. 점심을 먹은 후 몸에 열도 나고 목도 아팠다. 갑자기 배도 아팠다. 나는 생선 알레르기가 있는데, 점심 식사로 생선 가스를 먹어서 그런 것 같다. 토하기도 했다. 병원에 진찰을 받으러 갔다. 의사 선생님께서는 내게 좀 쉬라고 말씀하셨다. 엉덩이에 주사도 맞았다. 약은 하루에 세 번 먹어야 한다. 좀 더 건강해지기 위해서는 운동도 하고 음식도 조심해서 먹어야겠다.

틀린 부분을 올바르게 고쳐 보세요.

correct English

ANSWERS

Today **I didn't feel well. I had a headache** and **a runny nose**. After lunch **I had a high fever** and **a sore throat**. Suddenly my stomach **hurt**. It might be because I was allergic to fish and I had **a fish cutlet** for lunch. I **vomitted**. I **went to see a doctor**. The doctor told me to get some rest. I got a shot in the buttocks. I have to **take** medicine three times a day. I will exercise to be healthier and be careful about what I eat.

쉬어가는 페이지

단어만 제대로 말해도 왕초보 영어를 벗어날 수 있습니다.
일상생활에서 많이 쓰는 영어, 혹시 이렇게 쓰고 있지 않나요?

- 포켓북 pocket book → memorandum book
- 폴라 티 pola T → turtle neck sweater
- 프린트 print → handout
- 플래시 flash → flashlight
- 피시방 PC room → Internet cafe
- 하드 hard → ice-cream bar
- 핫도그 hot dog → corn dog
- 핸드폰 hand phone → cellular phone / cell phone / mobile phone
- 핸들 handle → steering wheel
- 형광펜 underline pen → highlighter
- 헬스클럽 health club → fitness center
- 호치키스 Hotchkiss(상표명) → stapler
- 화이트 white → correction fluid / white-out
- 힙 hip → buttocks

PART
8

상황별로 영작하기

옷 / 쇼핑

DAY 081

영어로 뭐라고 할까요?

조끼를 입었다가 벗었다

이렇게 쓰셨나요?

I wore the vest and took off it.

옷을 입고 있다고 할 때 영어로는 '옷을 입고 있는 동작'과 '옷을 입고 있는 상태'를 다르게 표현합니다. put on은 옷을 입고 있는 동작을, wear는 옷을 입고 있는 상태를 표현하는 말입니다. '조끼를 입었다가 벗었다'는 조끼를 입어 보았는데 마음에 안 들어서 다시 벗었다는 뜻이죠? 그래서 옷을 입는 동작을 나타내는 put on을 써야 합니다. I put on the vest.

'옷을 벗다'는 take off라고 합니다. take off처럼 동사와 부사가 함께 쓰여 하나의 의미를 나타내는 말은 대명사가 목적어로 올 경우에 그 가운데에 써야 합니다. 그래서 take off it이 아니라 take it off라고 해야 한답니다.

이렇게 쓴다!

I put on the vest and took it off.

왕초보 영어로 작문 연습

1 나는 치마 입는 것을 좋아한다. (상태)

→ I like to ______ ______.

2 외출하기 전에 코트를 입었다. (동작) / 외출하다 go out

→ I ______ ______ my overcoat before ______ ______.

3 나는 날씨가 추우면 재킷을 입는다. 재킷 jacket

→ When it is cold, I ______ ______ ______.

4 더워서 재킷을 벗었다.

→ It was ______, so I ______ ______ my jacket.

5 다시 그 재킷을 입지 않았다. (동작)

→ I ______ ______ the jacket ______ again.

ANSWERS

1 I like to wear skirts. **2** I put on my overcoat before going out.
3 When it is cold, I wear my jacket. **4** It was hot, so I took off my jacket.
5 I didn't put the jacket on again.

TIP

***옷 종류**

- 속옷 underwear
- 잠옷 pajamas
- 와이셔츠 dress shirt
- 티셔츠 T-shirt
- 치마 skirt
- 바지 pants/trousers
- 핫팬츠 hot pants
- 반바지 shorts
- 재킷 jacket
- 블라우스 blouse
- 턱시도 tuxedo
- 점퍼 jumper
- 긴 코트 overcoat
- 카디건 cardigan
- 스웨터 sweater
- 목폴라 turtleneck
- 트렌치코트 trench coat
- 정장 suit

DAY 082

영어로 뭐라고 할까요?

스카프를 사러 쇼핑을 갔다

이렇게 쓰셨나요?

I went to the shopping to buy a scarf.

'~하러 가다'는 'go for+명사' 또는 'go to+동사원형'으로 표현합니다. '산책하러 가다'는 go for a walk, '드라이브하러 가다'는 go for a drive이죠. 'go to+동사원형'은 무엇을 하러 갔는지 목적을 이야기할 때 사용할 수 있는 구문입니다. '나는 책을 몇 권 사러 갔다'는 I went to buy some books라고 하면 되겠죠.

어떤 오락이나 활동을 하러 가는 것은 'go -ing' 형태로 표현합니다. '배를 타러 가다'는 go boating, '관광하러 가다'는 go sightseeing, '썰매 타러 가다'는 go sledding, 그리고 '쇼핑하러 가다'는 go shopping이라고 합니다. '아이쇼핑을 하러 가다'는 go eye-shopping이 아니라 go window-shopping이라고 한다는 것 주의하세요.

이렇게 쓴다!

I went shopping to buy a scarf.

왕초보 영어로 작문 연습

1 쇼핑하러 갈 시간이 없었다.

→ I had no ________ to ____ ________.

2 그의 생일 선물을 사러 쇼핑을 가야 했다.

→ I had to ____ ________ ____ ____ his birthday gift.

3 쇼핑하러 백화점에 갔다. 백화점 department store

→ I ____ ________ at the ________ store.

4 아이쇼핑만 했다.

→ I just ____ ________________.

5 오늘은 드라이브하러 가고 싶었다.

→ Today I wanted to ____ ____ ____ ______.

ANSWERS

1 I had no time to go shopping. **2** I had to go shopping to buy his birthday gift.
3 I went shopping at the department store. **4** I just went window-shopping.
5 Today I wanted to go for a drive.

TIP

***기분 전환을 위해~**

기분 전환을 위해 어떤 것을 하시나요? 운동? 외식? 쇼핑? '기분 전환을 위해'라는 말은 for a change라고 표현해요. 기분 전환을 위해 외식을 하고 싶다면 I want to eat out for a change라고 하면 되겠네요.

DAY 083

영어로 뭐라고 할까요?

그 가방이 백화점에서 세일 중이다

이렇게 쓰셨나요?

The bag is for sale at the department store.

for sale은 '세일 중'이 아니라 '판매 중'이라는 의미랍니다. The bag is for sale은 '그 가방은 판매 중이다'라는 뜻이죠.

상점에서 세일 행사 중이라고 할 때는 '상점+have a sale'로 표현하고, 어떤 물건이 세일 중일 때는 물건을 주어로 하여 '물건+be동사+on sale'이라고 합니다. 어떤 물건을 세일로 싸게 샀다고 할 때 '세일로'에 해당하는 말을 on sale이라고 쓰기도 합니다. 각각의 예를 한번 들어볼까요? 먼저 '그 백화점이 세일 중이다'는 The department store is having a sale, '그 가방이 세일 중이다'는 The bag is on sale, 그리고 '나는 그 가방을 세일로 싸게 샀다'는 I bought the bag on sale이라고 합니다.

이렇게 쓴다!

The bag is on sale at the department store.

왕초보 영어로 작문 연습

1 우리 차는 팔려고 내놓은 상태이다.

→ Our car is ______ ______.

2 그 가게는 지금 세일 중이다.

→ The store is ______ ______ ______.

3 그 모자를 세일로 싸게 샀다.

→ I bought the hat ______ ______.

4 그 모자가 백화점에서 세일 중이다.

→ The hat ______ ______ ______ at the ______ ______.

5 그 가게는 개업 기념 세일을 하고 있다. 개업 기념 세일 opening sale

→ The store is ______ ______ ______ ______.

ANSWERS

1 Our car is for sale. **2** The store is having a sale. **3** I bought the hat on sale.
4 The hat is on sale at the department store.
5 The store is having an opening sale.

TIP

***재고 정리 세일**

'창고 대매출 세일', '재고 정리 세일'은 clearance sale이라고 합니다. 이런 곳에서 흔히 보이는 단어 중 '~% off sale'이라는 것은 가격의 ~%를 깎아 준다는 의미입니다. '2 for 1'이라고 쓰여 있는 경우는 한 개 값으로 두 개를 준다는 말입니다.

DAY 084

▲ 영어로 뭐라고 할까요?

탈의실에서 입어 보았다

이렇게 쓰셨나요?

I put it on in the changing room.

changing room은 스포츠 센터와 같은 곳에서 샤워실 옆에 있는 탈의실을 말합니다. 백화점이나 상점에서 옷을 입어 보는 탈의실은 fitting room이라고 합니다.

put on은 옷을 입는 동작을 말할 때 쓰고, 옷을 한번 입어 보는 것은 try on이라고 합니다. 뒤에 일반명사를 쓸 경우에는 try와 on 사이에 써도 되고 on 뒤에 써도 되지만, 대명사를 쓸 경우에는 항상 try와 on 가운데에 써야 한다는 것을 기억하세요. 옷뿐만 아니라 몸에 착용할 수 있는 모든 것들을 입어 보거나 착용해 보는 것을 나타낼 수 있습니다. '탈의실에서 그것을 입어 보았다'라고 하려면 I tried it on in the fitting room이라고 하면 됩니다.

이렇게 쓴다!

I tried it on in the fitting room.

왕초보 영어로 작문 연습

1 빨간색 신발을 신어 보았다. 신발 shoes

→ I ________ ____ the red ________.

2 그 목걸이를 걸어 보았다. 목걸이 necklace

→ I ________ the ____________ ____.

3 진주 반지를 껴 보았다. 진주 pearl

→ I ________ the pearl ring ____.

4 탈의실에서 미니스커트를 입어 보았다.

→ I ____ the miniskirt ____ in the fitting room.

5 여러 종류의 바지를 입어 보았다. 여러 종류의 several kinds of ~

→ I ________ on ________ ________ of ________.

ANSWERS

1 I tried on the red shoes. **2** I tried the necklace on.
3 I tried the pearl ring on. **4** I tried the miniskirt on in the fitting room.
5 I tried on several kinds of pants.

TIP

***내 몸에 작다, 크다**

옷이 내 몸에 작을 때는 좀 조이고, 클 때는 헐렁하죠. 그래서 '이 치마는 좀 작아요'는 This skirt is a little tight, '이 바지는 좀 커요'는 These pants are baggy라고 하면 돼요. '허리 부분이 좀 헐렁해요'는 It is loose around my waist라고 합니다.

DAY 085

영어로 뭐라고 할까요?

다른 것을 입어 보고 싶었다

이렇게 쓰셨나요?

I wanted to try on different thing.

예뻐 보이는 바지가 있어서 한번 입어 봤는데 썩 마음에 들지가 않네요. 점원에게 다른 것을 보여 달라고 할 때 뭐라고 해야 할까요? Please show me different pants(×)라고 할까요? 이런 경우 '다른' 것이라고 해서 different라고 표현하지 않습니다. 물론 different가 모양과 크기가 '다른'의 의미를 가지고 있지만, 이 상황에서는 또 다른 바지를 하나 더 보여 달라는 의미이니 another를 사용해야 합니다. another는 '또 다른 하나(의)'라는 뜻으로, one more의 의미를 가지고 있답니다. 그래서 Please show me another (pair of pants)라고 하면 되겠죠.

'커피 한 잔 더 하겠어요?'처럼 상대방에게 권유할 때 '한 잔 더'에 해당하는 표현도 another입니다. Would you have another cup of coffee?

이렇게 쓴다!

I wanted to try on another.

왕초보 영어로 작문 연습

1 다른 것 하나 더 필요해요?

→ Do you ________ ________?

2 다른 점원에게 말했다. 점원 salesperson

→ I said to ________ ________.

3 다른 가게에 가 보자.

→ Let's move on to ________ ________.

4 이것은 마음에 안 들어요. 다른 것으로 보여 주세요.

→ I don't like this. ________ ________ ________, please.

5 달걀을 하나 먹고, 하나 더 가져왔다. 가져오다 bring

→ I ________ an egg and ________ ________ ________.

ANSWERS

1 Do you need another? **2** I said to another salesperson.
3 Let's move on to another shop. **4** I don't like this. Show me another, please.
5 I ate an egg and brought another one.

TIP

***공짜로 하나 더!**

덤으로 하나 더 주는 물건을 freebie라고 해요. 회사에서 물건을 홍보하기 위해 나눠 주는 판촉용 경품은 받아 보셨죠? 그것은 giveaway라고 해요. '공짜로'라는 말은 for free라고 하죠. 공짜로 얻었다면 I got it for free라고 하면 돼요.

DAY 086

영어로 뭐라고 할까요?

바지 한 벌을 샀다

이렇게 쓰셨나요?

I bought a pants.

바지는 복수로 쓰니까 pants라고 하고, 한 벌이니까 one의 의미인 a를 쓴 건가요? a는 단수명사 앞에서만 쓸 수 있습니다. 바지나 신발처럼 한 벌이 되어야 사용할 수 있는 것들은 항상 복수로 써야 하며, 수로 셀 때는 a pair of ~를 사용합니다. 한 벌 이상일 경우에는 two pairs of ~처럼 개수를 표시하면서 단위 pair도 복수형으로 써야 합니다.

이처럼 항상 짝을 이루어서 써야 하는 단어들에는 바지 pants/trousers, 반바지 shorts, 파자마 pajamas, 타이츠 tights, 신발 shoes, 양말 socks, 장갑 gloves, 벙어리장갑 mittens, 안경 glasses, 가위 scissors, 집게 tongs 등이 있습니다.

이렇게 쓴다!

I bought a pair of pants.

왕초보 영어로 작문 연습

1 신발 두 켤레를 샀다.

→ I bought ______ ______ ______ shoes.

2 나는 반바지가 여러 벌 있다. 여러 개의 several

→ I have ______ ______ ______ ______.

3 그녀는 벙어리장갑 한 벌을 뜨개질했다. 뜨개질하다 knit

→ She ______ ______ ______ ______ mittens.

4 그가 나에게 선글라스 한 개를 사 주었다.

→ He bought me ______ ______ ______ ______.

5 바지 두 벌을 빨았다. 빨다 wash

→ I washed ______ ______ ______ ______.

ANSWERS

1 I bought two pairs of shoes. **2** I have several pairs of shorts.
3 She knitted a pair of mittens. **4** He bought me a pair of sunglasses.
5 I washed two pairs of pants.

TIP

***신발의 종류**

- 샌들 sandals
- 운동화 sneakers
- 장화 boots
- 앵클부츠 angle boots
- 실내화 slippers
- 슬리퍼 mules
- 단화 loafers
- 굽 높은 신발 high-heeled shoes
- 굽 낮은 신발 low-heeled shoes

DAY 087

영어로 뭐라고 할까요?

가격이 비쌌다

이렇게 쓰셨나요?

The price was expensive.

어떤 물건이 비싸다고 할 때는 expensive나 costly, 싸다고 할 때는 cheap으로 표현합니다. 그런데 cheap은 싸구려라는 어감이 있어 '저렴하다'고 할 땐 not expensive라고 하는 게 좋습니다. 예를 들어 '그 신발은 저렴했다'는 The shoes were not expensive라고 하면 되죠.

하지만 '그 가격이 비쌌다'라고 할 때 The price is expensive(×)라고 하지 않습니다. 왜 그럴까요? 이렇게 말하면 가격이라는 물건이 비쌌다는 말이 되는 것입니다. 그래서 가격, 즉 price가 주어로 오면 high 또는 low를 사용하여 가격이 '높다/낮다'라고 표현합니다. '가격이 비쌌다'는 The price was high인데, It was expensive라고 해도 같은 뜻이 되는 것이죠.

이렇게 쓴다!

The price was high.
It was expensive.

왕초보 영어로 작문 연습

1 그 재킷은 너무 비쌌다. 너무 too

→ The jacket was ________ ________.

2 그 모자는 싼 편이었다. ~한 편인 kind of

→ The hat ________ ________ ________ ________.

3 나는 싸구려 운동화는 사지 않는다. 운동화 sneakers

→ I don't buy ________ ________.

4 그 바지의 가격은 매우 비쌌다.

→ The pants' price ________ ________ ________.

5 나는 싼 가격의 가방을 찾아보았다. 싼 가격의 low-priced

→ I looked for ________ ________.

ANSWERS

1 The jacket was too expensive. **2** The hat was kind of cheap.
3 I don't buy cheap sneakers. **4** The pants' price was very high.
5 I looked for low-priced bags.

TIP

***싼 게 비지떡?**

싼 맛에 어떤 물건을 샀는데 그 물건의 성능이나 품질이 형편없을 때 우리는 '싼 게 비지떡'이라고 하죠. 이 말을 영어로는 We get what we pay for라고 할 수 있습니다. 속뜻은 '우리가 지불한 만큼 얻는다'라는 말이죠. 싸게 산 만큼 좋은 품질의 것을 얻지 못한다는 의미입니다.

DAY 088

영어로 뭐라고 할까요?

현금으로 지불했다

이렇게 쓰셨나요?

I paid by money.

물건 값을 현금으로 지불했을 경우에는 '현금', '현찰'이라는 뜻의 cash를 사용해서 I paid in cash라고 합니다. 현금이 없다면 카드로 지불해야겠죠. 미국에선 신용 카드와 체크 카드를 구분해서 사용합니다. 신용 카드로 지불했다면 pay by credit card, 체크 카드로 지불을 했다면 pay by debit card라고 합니다.

여러 가지 지불 방법도 알아볼까요? 일시불은 I paid in full이고, 6개월 할부로 지불했을 경우에는 '할부'라는 뜻의 installments를 사용해서 I paid in 6 monthly installments라고 합니다. 물건 값을 지불하긴 했는데, 싸게 잘 산 것인지 바가지를 쓴 것은 아닌지 염려되는군요. 싸게 잘 산 것 같으면 It was a good buy이겠고, 바가지를 쓴 거라면 I got ripped off라고 할 수 있습니다. 참고로 '잔돈'은 change, '영수증'은 receipt라고 한다는 것도 알아두세요.

이렇게 쓴다!

I paid in cash.

왕초보 영어로 작문 연습

1 현금이 모자랐다. ~가 모자라다 be short of ~

→ I am ______ ______ ______.

2 나는 카드로 지불했다.

→ I ______ ______ credit card.

3 영수증을 받았다. 받다 receive

→ I ______ the ______.

4 그들은 내가 현금으로 지불하기를 원했다.

→ They wanted ______ to ______ ______ ______.

5 바가지 썼다는 것을 알게 되었다.

→ I realized I ______ ______ ______.

ANSWERS

1 I am short of cash. **2** I paid by credit card. **3** I received the receipt.
4 They wanted me to pay in cash. **5** I realized I got ripped off.

TIP

***거저나 마찬가지이다**

좋은 물건을 거저나 다름없이 저렴하게 샀을 경우 '거저나 마찬가지다'라고 말하죠. 이를 영어로는 It was almost a steal이라고 해요.

DAY 089

영어로 뭐라고 할까요?

환불받고 싶다

이렇게 쓰셨나요?

I want my money back.

골라서 산다고 샀는데 집에 가서 다시 입어 보니 마음에 들지 않는다면 다른 상품으로 바꾸든지 환불을 해야겠죠? '이것 대신 저것으로 바꾸고 싶다'고 말하려면 어떻게 해야 할까요? 교환하는 것이니까 exchange를 사용해서 I'd like to exchange this for that이라고 하면 됩니다. would like to ~는 want to ~를 좀 더 공손하게 하는 말입니다.

바꾸고 싶은 상품이 없다면 환불을 요청해야겠죠. I asked for a refund는 '나는 환불을 요청했다'입니다. 환불을 요청하면 당연히 영수증(receipt)을 보여 달라고 하겠죠? 가져온 영수증을 보여 주고 환불을 받고 싶다고 말할 때는 I'd like to get a refund라고 하면 됩니다.

이렇게 쓴다!

I'd like to get a refund.

왕초보 영어로 작문 연습

1 환불을 요청했다.

→ I asked ______ ___ ________.

2 환불 받고 싶었다.

→ I wanted to get ___ ______.

3 그들에게 영수증을 보여 주었다. 보여 주다 show

→ I ______ them ___ ______.

4 나에게는 빨간색 스커트가 안 어울리는 것 같았다. 어울리다 suit

→ I thought the red skirt ______ ____ me.

5 나는 빨간색 스커트를 흰색 스커트로 바꾸었다.

→ I ______ the red skirt ___ the ____ one.

ANSWERS

1 I asked for a refund. **2** I wanted to get a refund.
3 I showed them the receipt. **4** I thought the red skirt didn't suit me.
5 I exchanged the red skirt for the white one.

TIP

***온라인 쇼핑**

인터넷으로 쇼핑을 하는 것은 shop online이라고 하고, TV 홈쇼핑에서 물건을 구매하는 것은 do TV shopping이라고 해요. '인터넷 쇼핑을 했다'는 I shopped online이라고 하면 됩니다.

실력 확인하기

다음 글에서 색자로 된 부분은 broken English입니다. 어떻게 고쳐야 할까요?

broken English

I'm going to go to his birthday party tomorrow. I want to go to there in nice clothes, but I don't have any nice clothes to wear. That is because I usually don't pay attention to my clothes. I needed to buy some nice clothes, so I went to the shopping at the department store. The department store was on sale and there were so many people. I found a pants that I liked. I tried on it in the changing room. I liked it so much, but the price was very expensive. My father paid with credit card. I was thankful to my father.

내일은 그의 생일파티에 간다. 멋진 옷을 입고 거기에 가고 싶지만 입고 갈 멋진 옷이 없다. 평소에는 옷차림에 별 신경을 쓰지 않기 때문이다. 근사한 옷을 좀 살 필요가 있었다. 그래서 백화점에 쇼핑을 갔다. 백화점은 세일 중이어서 사람들이 많았다. 마음에 드는 바지를 하나 발견했다. 탈의실에서 입어 보았다. 내 마음에 쏙 들었지만 가격이 너무 비쌌다. 아버지께서 신용 카드로 지불해 주셨다. 아버지에게 감사했다.

틀린 부분을 올바르게 고쳐 보세요.

correct English

ANSWERS

I'm going to go to his birthday party tomorrow. I want to go **there** in nice clothes, but I don'thave any nice clothes to wear. That is because I usually don't care about my appearance. I needed to buy some nice clothes, so I **went shopping** at the department store. The department store was **having a sale** and there were so many people. I found **a pair of pants** that I liked. I **tried them on** in **the fitting room**. I liked them so much, but the price was very **high**. My father **paid by credit card**. I was thankful to my father.

쉬어가는 페이지

단어만 제대로 말해도 왕초보 영어를 벗어날 수 있습니다.
일상생활에서 많이 쓰는 영어, 혹시 이렇게 쓰고 있지 않나요?

- ✓ 커트라인 cutline → cut-off line
- ✓ 커피 프림 prima → cream
- ✓ 콜라 cola → Coke / Pepsi
- ✓ 콤비 combi → jacket
- ✓ 콤플렉스 complex → personal problem
- ✓ 크레파스 crepas → crayon
- ✓ 클래식 classic → classical music
- ✓ 탤런트 talent → actor / actress
- ✓ 토크 쇼 엠시 talk show M. C. → talk show host / hostess
- ✓ 투피스 two piece → suit
- ✓ 파마 perma → permanent wave
- ✓ 파이팅 fighting → way to go
- ✓ 팬티 panty → underwear
- ✓ 팬티스타킹 panty stocking → panty hose
- ✓ 타이어 펑크 tire punk → flat tire

PART 9

상황별로 영작하기

식생활

DAY 090

영어로 뭐라고 할까요?

아침을 먹지 않았다

이렇게 쓰셨나요?

I didn't have the breakfast.

I didn't have the breakfast는 도대체 뭐가 잘못된 것일까요? breakfast, lunch, dinner 등 식사 이름 앞에는 관사 a, an, the를 붙이지 않습니다. 하지만 식사 이름 앞에 형용사가 오면 관사를 쓸 수 있고 또한 소유격이 올 수도 있습니다. 예를 들어 '아침을 먹었다'는 I had breakfast라고 해야 하지만, '나는 아침을 많이 먹었다'라고 할 때는 I had a heavy breakfast라고 합니다.

'아침을 먹지 않았다'라고 할 때는 I didn't have breakfast 또는 I didn't have my breakfast라고 합니다. 식사를 하지 않은 경우 끼니를 건너뛰었다고도 하죠. 그래서 '건너뛰다'라는 동사 skip을 사용하여 I skipped breakfast라고도 할 수 있습니다.

이렇게 쓴다!

I didn't have breakfast.

왕초보 영어로 작문 연습

1 나는 항상 아침을 먹는다.

→ I always ________ ________.

2 오늘 아침은 건너뛰었다.

→ Today ________ ________ ________.

3 아침으로 빵을 좀 먹었다.

→ I ________ some ________ ________ ________.

4 급히 점심 식사를 해야 했다. 급히 in a hurry

→ I had to ________ ________ in a ________.

5 나는 살을 빼려고 저녁을 먹지 않는다. 살을 빼다 lose weight

→ I don't eat ________ ________ ________ ________.

ANSWERS

1 I always have breakfast. **2** Today I skipped breakfast.
3 I ate some bread for breakfast. **4** I had to have lunch in a hurry.
5 I don't eat dinner to lose weight.

TIP

***breakfast의 의미**

breakfast의 의미를 아시나요? break는 '깨트리다', fast는 명사일 때 '단식', '금식'이라는 뜻이에요. 그래서 breakfast라고 하면 밤새 아무것도 안 먹고 단식한 것을 아침에 깨트린다는 의미죠.

DAY 091

영어로 뭐라고 할까요?

점심으로 빵 두 쪽을 먹었다

이렇게 쓰셨나요?

I had two breads for lunch.

점심으로 먹은 '빵 두 쪽'을 어떻게 표현해야 하죠? 빵, 물, 공기, 종이 등과 같은 명사를 '물질명사'라고 하는데, 이들은 일정한 모양이 없어서 '셀 수 없는 명사'라고 합니다. 이런 명사들을 셀 때에는 각 명사의 단위를 나타낼 수 있는 말을 사용해야 합니다. 빵 같은 경우 수로 세어야 할 때는 a bread(×), two breads(×)라고 하지 않고 a slice of bread(한 조각의 빵; 식빵처럼 얇게 썬 경우), a piece of bread(한 조각의 빵), a loaf of bread(한 덩어리의 빵) 등의 단위로 수를 셀 수 있습니다. 두 개 이상일 때는 '숫자+단위의 복수형+of+명사'의 형태로 해 주면 됩니다.

'점심으로 빵 두 쪽과 우유 한 잔을 먹었다'를 영어로 써 보세요. 빵 두 쪽은 two pieces of bread, 우유 한 잔은 a glass of milk니까 I had two pieces of bread and a glass of milk for lunch라고 해야겠죠.

이렇게 쓴다!

I had two pieces of bread for lunch.

왕초보 영어로 작문 연습

1 아침으로 우유 한 잔을 마셨다.

→ I drank ______ ______ ______ ______ for breakfast.

2 아침으로 초콜릿 한 조각을 먹었다. 초콜릿 한 조각 a bar of chocolate

→ I ate ______ ______ ______ chocolate ______ ______.

3 점심으로 식빵 두 쪽을 가져왔다. 가져오다 bring

→ I ______ ______ ______ of bread ______ ______.

4 점심으로 피자 세 조각을 먹었다.

→ I had ______ ______ ______ ______ ______ lunch.

5 내일 아침을 위해 시리얼 한 박스를 샀다.

→ I ______ ______ ______ ______ cereal for tomorrow's breakfast.

ANSWERS

1 I drank a glass of milk for breakfast. **2** I ate a bar of chocolate for breakfast.
3 I brought two slices of bread for lunch. **4** I had three slices of pizza for lunch.
5 I bought a box of cereal for tomorrow's breakfast.

TIP

***셀 수 없는 명사의 단위**

- 잼 한 병 a jar of jam
- 시리얼 한 박스 a box of cereal
- 케첩 한 병 a bottle of ketchup
- 우유 한 팩 a carton of milk
- 우유 한 잔 a glass of milk
- 맥주 한 잔 a glass of beer
- 피자 한 조각 a slice of pizza
- 케이크 한 조각 a piece of cake
- 설탕 한 스푼 a spoonful of sugar
- 커피 한 잔 a cup of coffee

DAY 092

영어로 뭐라고 할까요?

나는 인스턴트식품을 절대 먹지 않을 것이다

이렇게 쓰셨나요?

I'll never eat instant food.

인스턴트커피처럼 물만 부으면 먹을 수 있도록, 즉 만들어 먹기 쉽도록 만들어진 음식을 instant food라고 합니다. 그리고 햄버거나 감자튀김처럼 빨리 조리되는 음식은 fast food라고 하고요. instant food나 fast food는 편하게 그리고 빠르게 먹도록 만들어진 것일 뿐 그런 음식들이 몸에 나쁘다는 뜻이 포함된 말은 아니에요. 팝콘이나 라면처럼 칼로리는 높지만 영양가가 없는, 그래서 몸에도 좋지 않은 음식은 junk food라고 합니다. junk는 '쓰레기', '잡동사니'라는 뜻입니다. 감자튀김은 fast food이면서 junk food에 속한다고 볼 수 있죠.

여기에서 말하는 인스턴트식품은 몸에 안 좋은 음식을 말하는 것이니 I'll never eat junk food라고 하는 것이 더 적절하겠습니다.

이렇게 쓴다!

I'll never eat junk food.

왕초보 영어로 작문 연습

1 나는 패스트푸드를 자주 먹는다.

→ I often have ______ ______.

2 정크 푸드는 피하도록 하자. 피하다 avoid

→ Let's ______ ______ ______.

3 나는 정크 푸드를 안 먹으려고 노력한다.

→ I try ______ ______ eat ______ ______.

4 정크 푸드는 우리의 건강에 나쁘다. 건강 health

→ Junk food is ______ ______ our health.

5 나는 바쁠 때, 인스턴트식품을 먹는다.

→ When I am ______, I eat ______ ______.

ANSWERS

1 I often have fast food. **2** Let's avoid junk food. **3** I try not to eat junk food.
4 Junk food is bad for our health. **5** When I am busy, I eat instant food.

TIP

***더치페이하자!**

친구들과 음식점에서 '더치페이 하자'고 할 때는 Let's Dutch pay가 아니라 Let's go Dutch라고 해야 합니다.

DAY 093

영어로 뭐라고 할까요?

간단히 뭐 좀 빨리 먹자

이렇게 쓰셨나요?

Let's eat simple thing fast.

정식으로 음식을 차려 먹지 않고 간단하게 식사를 하거나 요기를 하는 것을 have a bite라고 합니다. bite가 동사로는 '물다'라는 뜻이지만, 명사로 쓰이면 한 번 물어서 먹을 수 있는 양, 즉 '한 입'이라는 뜻이 됩니다. '사과를 한 입 베어 먹었다'는 I took a bite of the apple이라고 하죠.

또는 '날쌔게 잡아채다'라는 뜻의 동사 grab을 사용하여 grab a bite to eat이라고도 표현할 수 있습니다. '간단하게 음식을 빨리 먹다'라는 뜻으로, have a quick bite와도 같은 의미이죠. 김밥이나 라면, 떡볶이 같은 것들이 모두 a bite to eat에 속합니다.

이렇게 쓴다!

Let's grab a bite to eat.

왕초보 영어로 작문 연습

1 아침을 한 술 떠먹었다.

→ I had ______ ______ of ______.

2 사과를 한 입 더 베어 먹었다. 한 입 더 another bite

→ I took ______ ______ of the apple.

3 간단하게 뭐 좀 빨리 먹어야겠다.

→ I need to ______ ______ ______ ______.

4 간단히 뭐 좀 먹으러 가자.

→ Let's ______ ______ ______ to eat.

5 간단히 뭐 좀 먹으러 집에 갔다.

→ I went home to ______ ______ ______ to ______.

ANSWERS

1 I had a bite of breakfast. **2** I took another bite of the apple.
3 I need to have a quick bite. **4** Let's grab a bite to eat.
5 I went home to grab a bite to eat.

TIP

***둘이 먹다 하나가 죽어도 모른다**

둘이 먹다 하나가 죽어도 모를 정도로 맛있는 음식을 먹어 본 적이 있나요? 그럴 때는 '음식+is to die for'를 사용하여 표현할 수 있어요. '둘이 먹다 하나가 죽어도 모를 정도로 아이스크림이 맛있다'는 The ice cream is to die for!라고 하면 돼요.

DAY 094

영어로 뭐라고 할까요?

입맛이 없었다

이렇게 쓰셨나요?

I had no mouth taste.

입맛이 없다는 것은 식욕이 없어 먹고 싶지 않은 상태를 뜻하죠? 이 말은 '~하고 싶다', '~하고 싶은 기분이 들다'라는 뜻의 'feel like -ing'를 사용하여 I didn't feel like eating이라고 표현할 수 있습니다. 또한 '식욕'이라는 뜻의 appetite를 써서 I had no appetite라고 할 수도 있죠.

간식이나 군것질을 하면 입맛이 없어지기도 하죠? Don't eat between meals, please라고 하면 '군것질하지 마세요'라는 말입니다. eat between meals는 '간식을 먹다', '군것질하다'라는 뜻이죠.

반대로 '식욕이 왕성하다'는 I have a big appetite라고 합니다. 이렇게 식욕이 왕성해서 자꾸 살이 찌는 사람은 입맛이 너무 좋아서 탈인데… 세상은 참 불공평하죠?

이렇게 쓴다!

I had no appetite.

왕초보 영어로 작문 연습

1 오늘 아침에는 식욕이 없었다.

→ I had ______ ______ this morning.

2 아침 먹고 싶은 생각이 없었다.

→ I didn't ______ ______ ______ breakfast.

3 그는 언제나 식욕이 왕성하다.

→ He always ______ ______ ______ ______.

4 나는 군것질하는 것을 좋아한다.

→ I like to ______ ______ ______.

5 식욕이 감소되고 있다. 감소되다 decrease

→ My appetite ______ ______.

ANSWERS

1 I had no appetite this morning. **2** I didn't feel like having breakfast.
3 He always has a big appetite. **4** I like to eat between meals.
5 My appetite is decreasing.

TIP

***냉장고, 냉동고 구별하기**

주체할 수 없는 왕성한 식욕 때문에 냉장고만 자꾸 열어 보게 되네요. 우리는 냉장고와 냉동고가 붙어 있어 그냥 냉장고, 즉 refrigerator라고 하죠. 엄밀하게 말하면 냉장고는 refrigerator (줄여서 fridge)라고 하고, 냉동고는 freezer라고 해야 합니다.

DAY 095

영어로 뭐라고 할까요?

냄새가 이상하다

이렇게 쓰셨나요?

The smell is strange.

후각, 청각, 미각, 시각, 촉각의 오감(五感)을 나타낼 때는, 그 감각을 나타내는 동사 다음에 형용사를 써서 표현합니다. 감각을 나타내는 동사에는 smell(~한 냄새가 나다), sound(~하게 들리다), taste(~한 맛이 나다), look(~하게 보이다), feel(~하게 느끼다, ~한 기분이 들다) 등이 있습니다. 그래서 '그것 참 좋은 말로 들린다'는 It sounds great, '그 여자아이는 귀여워 보인다'는 The girl looks cute, '우울한 기분이 든다'는 I feel blue라고 하면 되죠. 동사 뒤에 와서 동사를 보충해 주는 말을 '보어'라고 하는데, 보어로는 꼭 형용사를 써야 합니다.

'냄새가 이상하다'라고 할 때는 The smell is strange라고 해도 되지만, It smells strange라고 해야 더 영어다운 표현입니다.

이렇게 쓴다!

It smells strange.

왕초보 영어로 작문 연습

1 참 어리석은 말로 들렸다. 어리석은 stupid

→ It ________ really ________.

2 어색한 기분이 들었다. 어색한 awkward

→ I felt ________.

3 그 옷은 멋져 보였다.

→ The clothes ________ ________.

4 그는 나이에 비해 젊어 보인다. 나이에 비해 for one's age

→ He ________ ________ for his age.

5 음식 냄새가 고약했다. 고약한 terrible

→ The ________ ________ ________.

ANSWERS

1 It sounded really stupid. **2** I felt awkward. **3** The clothes looked nice.
4 He looks young for his age. **5** The food smelled terrible.

TIP

***맵다고 하려면...**

매운 음식을 먹다가 땀을 뻘뻘 흘리면서 맵다고 I am hot이라고 하네요. 무슨 말일까요? I am hot이라고 하면 날씨나 실온이 더워서 몸이 덥다는 말이에요. 그리고 때로는 '나는 섹시해요'라는 뜻으로도 해석될 수 있으니 조심해야 해요. hot에는 '더운', '뜨거운', '매운'이라는 뜻 외에도 '섹시한', '매력 있는'이란 뜻이 있기 때문이에요. 그래서 맵다고 말하려면 I am hot이 아니라 It is hot이라고 해야 합니다.

DAY 096

영어로 뭐라고 할까요?

김치 맛이 매우 짰다

이렇게 쓰셨나요?

The kimchi taste was very salty.

'~한 맛이 나다'라고 맛을 표현할 때는 taste 다음에 맛을 나타내는 형용사를 씁니다. taste가 I tasted kimchi, 즉 '나는 김치 맛을 보았다'에서처럼 '맛보다'라는 뜻으로 사용되기도 합니다. 그러나 '그 김치 맛이 아주 짰다'라는 말을 The kimchi taste was salty(×)라고 하진 않습니다. 여기서 taste를 '맛'이라는 명사로 쓴 것은 우리말 '김치 맛'을 그대로 영어로 옮기다 보니 그렇게 된 것으로 보입니다. 이 말은 The kimchi was very salty 또는 The kimchi tasted very salty라고 해야 합니다.

salty가 나온 김에 음식 맛을 나타내는 표현들을 알아볼까요?
달콤한 sweet, 신선한 fresh, 양념 맛이 강한 spicy, 싱거운 bland,
부드러운 mild, 매운 hot, 신 sour, 쓴 bitter, 기름진 greasy/oily,
맛있는 delicious/yummy/tasty, 맛이 안 나는 tasteless.

이렇게 쓴다!

The kimchi was very salty.

왕초보 영어로 작문 연습

1 그 아이스크림은 너무 단맛이 났다.

→ The ice cream ________ too ________.

2 그 사과는 매우 셨다.

→ The apple ________ ________ ________.

3 불고기 양념 맛이 너무 강했다. 양념 맛이 강한 spicy

→ The bulgogi ________ ________ ________.

4 그 약은 쓴 맛이 났다.

→ The medicine ________ ________.

5 그 수프는 너무 짠 맛이 났다.

→ The soup ________ ________ ________.

ANSWERS

1 The ice cream tasted too sweet. **2** The apple tasted very sour.
3 The bulgogi tasted too spicy. **4** The medicine was bitter.
5 The soup tasted too salty.

TIP

***입맛도 없고, 음식 맛도 없고 ~**

I had no appetite 입맛이 없었어요. It was disgusting 정말 맛이 없었어요. I am picky about food 난 식성도 까다롭고요. I picked at my food 결국은 깨작깨작 먹고 말았네요. 아마 군것질을 많이 해서 그런 걸까요? 이제 군것질을 하지 않도록 해야겠어요. Now I will try not to eat between meals

DAY 097

영어로 뭐라고 할까요?

우리는 오랜만에 외식을 했다

이렇게 쓰셨나요?

We ate outside after a long time.

'외식하다'라는 말은 eat out이라고 하면 됩니다. 밖에서 식사를 한다고 해서 eat outside라고 하지 않는 것에 주의하세요. 어디서 외식을 했나요? 서양식 요리를 먹었다면 Western-style restaurant에 갔겠네요. 한정식 음식점은 Korean-style restaurant, 중국식 음식점은 Chinese restaurant, 뷔페는 buffet라고 합니다.

예약은 하고(make a reservation) 갔나요? 우리가 그 식당의 단골손님(regular customer)이라 좋은 자리로 안내해 주네요. 식당의 분위기(ambiance)가 참 좋았어요. 그 식당은 스테이크로 유명하죠.(The restaurant is well known for steak) 오랜만에 비프스테이크를 먹어 볼까요? after a long time이라고 하면 '오랜만에'라는 표현이 됩니다. I ate beef steak after a long time.

이렇게 쓴다!

We ate out after a long time.

왕초보 영어로 작문 연습

1 우리 가족은 어느 멋진 식당에서 외식을 했다.

→ My family ______ ______ in a nice ______.

2 우리는 주말마다 외식을 한다. 주말마다 every weekend

→ We ______ ______ every ______.

3 나는 오랜만에 그 식당에 갔다.

→ I went to the restaurant ______ ___ ______ ______.

4 나는 그 식당의 단골손님이다.

→ I am ___ ______ ______ of that restaurant.

5 그 식당은 비빔밥으로 유명하다.

→ The restaurant ___ ______ ______ ______ bibimbap.

ANSWERS

1 My family ate out in a nice restaurant. **2** We eat out every weekend.
3 I went to the restaurant after a long time.
4 I am a regular customer of that restaurant.
5 The restaurant is well known for bibimbap.

TIP

***돼지고기는 pig meat가 아니다**

동물을 나타내는 말과 그 고기를 나타내는 말은 달라요.

- 돼지 pig
- 돼지고기 pork
- 소 cow
- 소고기 beef
- 송아지 calf
- 송아지고기 vea
- 양 sheep
- 양고기 mutton / lamb
- 닭은 chicken
  닭고기도 chicken

DAY 098

영어로 뭐라고 할까요?

배가 부르다

이렇게 쓰셨나요?

My stomach is full.

꼬르륵~ 배가 고프시군요. My stomach is growling이라고 하면 '배가 꼬르륵거린다'는 말입니다. 맛있는 음식을 보고 군침이 돌 때는 뭐라고 할까요? My mouth is watering이라고 합니다. 이때 water는 '물을 주다', '침이 나오다'라는 뜻의 동사입니다. 그리고 배고플 때는 I am hungry, 무언가 매우 먹고 싶을 때는 I am dying to have ~(음식 이름)라고 하면 되죠.

맛있는 음식을 마음껏 먹어서 배가 부를 때는 I've had enough라고 합니다. 배가 부르다는 말은 I am full이라고 하죠. 너무 많이 먹어 과식했을 경우엔 I overate 또는 I had too much라고 합니다. 너무 많이 먹어 이젠 한 입도 더 못 먹겠다고 할 때는 I can't eat another bite라고 합니다.

이렇게 쓴다!

I am full.

왕초보 영어로 작문 연습

1 배가 꼬르륵거렸다.

→ My ______ ______ ______.

2 물 좀 마시고 싶어 죽겠다.

→ I am ______ to ______ ______.

3 너무 많이 먹었다.

→ I ______ ______ ______.

4 이젠 한 입도 더 못 먹겠다.

→ I ______ ______ ______ ______.

5 그 음식을 보자마자 군침이 돌기 시작했다. ~하자마자 upon -ing

→ Upon seeing the food, ______ ______ began to ______.

ANSWERS

1 My stomach was growling. **2** I am dying to drink water. **3** I had too much.
4 I can't eat another bite. **5** Upon seeing the food, my mouth began to water.

TIP

***음식 맛이 어땠나요?**

음식을 먹어 보고 It's terrible / awful / dreadful이라고 하면 '음식 맛이 형편없다'라는 말이죠. 그와는 반대로 It's terrific / wonderful / beautiful이라고 하면 '음식 맛이 환상적으로 아주 좋다'라는 말입니다.

DAY 099

영어로 뭐라고 할까요?

이것은 식당에서 서비스로 준 것이다

이렇게 쓰셨나요?

It's a service of the restaurant.

식당에서 무료로 음식이나 음료를 주는 경우, 우리는 서비스를 받았다고 합니다. 하지만 영어에서 service는 '봉사', '수고', '접대'의 의미로만 쓰입니다. 서비스를 받았을 땐 It's on the house라고 하는데, 이는 그 음식 값을 식당에서 내준다는 의미입니다. '이것은 내가 낼게'라고 할 때는 It's on me라고 하죠.

무료를 나타내는 표현에는 It's free 또는 It's complimentary 등도 있습니다. complimentary는 '칭찬의', '무료의'의 뜻을 가지고 있습니다. free는 '자유로운'의 의미도 가지고 있지만 '무료의'란 뜻으로도 쓰이죠. '무료로'라는 표현은 for free라고 합니다. '나는 그것을 무료로 얻었다'는 I got it for free라고 하면 되죠. 참고로 free는 '~가 없는'이란 뜻도 있는데, 예를 들어 sugar-free라고 하면 설탕이 없는, 즉 무설탕이라는 뜻입니다.

이렇게 쓴다!

It's on the house.

왕초보 영어로 작문 연습

1 그 음식은 서비스로 주었다.

→ The food ______ ______ ______ ______.

2 그 식당에서는 스파게티가 무료이다.

→ Spaghetti ______ ______ in that restaurant.

3 식사 후 아이스크림이 무료이다.

→ Ice cream ______ ______ after ______.

4 그는 우리에게 공짜 티켓을 주었다.

→ He gave us ______ ______.

5 나는 무설탕 주스만 마신다.

→ I drink ______ ______ juice.

ANSWERS

1 The food was on the house. **2** Spaghetti is free in that restaurant.
3 Ice cream is free after meals. **4** He gave us free tickets.
5 I drink only sugar-free juice.

TIP

*smoking-free는 자유롭게 흡연하라는 뜻?

건물 입구에 No smoking 또는 No smoking allowed라고 쓰여 있는 것을 많이 보셨죠. 간혹 'Smoking-free'라고 쓰여 있기도 한데, 이는 자유롭게 흡연할 수 있다는 말이 아닙니다. 이는 free가 '~이 없는'의 의미로 쓰여서 '흡연이 없는 (건물)'이라는 뜻이에요. 즉 '금연건물'을 나타내는 말이죠.

DAY 100

영어로 뭐라고 할까요?

음식 배달을 시켰다

이렇게 쓰셨나요?

I ordered food delivery.

order가 '시키다', '주문하다'라는 뜻이라고 해서 I ordered food delivery(×)라고 하면 곤란합니다. order는 무언가를 주문해서 가져오게 한다는 의미입니다. 음식을 가져오게 할 수는 있지만, food deliver(음식 배달)를 가져오게 할 수는 없잖아요.

음식 배달을 시켰다는 말은 음식이 배달되도록 시키는 것이죠. 그래서 이런 경우엔 '시키다'라는 의미의 사역동사 have를 사용해서 나타냅니다. 'have+목적어+동사원형(목적어와의 관계가 능동일 때)/과거분사(목적어와의 관계가 수동일 때)' 구문으로요. 음식을 배달시키도록 한 것이므로 I had food delivered라고 해야 하죠. 목적어인 음식 입장에서 보면 배달되는 것이므로 deliver를 과거분사로 쓴 것입니다.

이렇게 쓴다!

I had food delivered.

왕초보 영어로 작문 연습

1 그는 나에게 내 방을 청소하라고 시켰다.

→ He ______ me ______ my room.

2 우리는 피자를 배달시켰다.

→ We ______ ______ ______.

3 나는 여동생에게 라면을 끓이라고 시켰다. 라면 ramen

→ I ______ my sister ______ ______.

4 동생은 나에게 요리법을 가져오라고 시켰다. 요리법 recipe

→ My sister ______ me ______ the recipe.

5 우리는 중국 음식을 배달시켰다.

→ We ______ Chinese food ______.

ANSWERS

1 He had me clean my room. **2** We had pizza delivered.
3 I had my sister cook ramen. **4** My sister had me bring the recipe.
5 We had Chinese food delivered.

TIP

***식사를 맛있게 하셨나요?**

'나는 저녁을 맛있게 먹었다'라고 할 때 I ate dinner deliciously라고 하기 쉽죠. 하지만 I had a good dinner라고 해야 좀 더 영어다운 표현이 됩니다. 마찬가지로 '우리는 재밌게 시간을 보냈다'라는 말도 We spent time interestingly라고 하지 말고 We had a good time이라고 하는 게 좋아요.

실력 확인하기

다음 글에서 색자로 된 부분은 broken English입니다. 어떻게 고쳐야 할까요?

broken English

I don't seldom skip breakfast. However, I didn't have enough time to eat this morning, so I had to eat simple thing fast. I had two breads for breakfast. My mom made bread yesterday. I never eat instant food. I don't rarely eat vegetables. These days I have no mouth taste, so I asked my family to eat outside for dinner. I ordered special food at the restaurant. I had no experience of the food before. It tasted very good. My stomach was full. We had a good time at dinner.

나는 좀처럼 아침 식사를 거르지 않는다. 하지만 오늘 아침에는 밥 먹을 시간이 충분하지 않아서 간단한 식사로 빨리 먹어야 했다. 아침으로 빵 두 쪽을 먹었다. 어제 엄마가 빵을 만드셨다. 나는 정크 푸드는 절대 먹지 않는다. 야채도 거의 먹지 않는다. 요즈음은 입맛도 별로 없다. 그래서 식구들에게 저녁에 외식을 하자고 했다. 나는 그 식당의 특별한 음식을 시켰다. 나는 그 음식을 먹어 본 적이 없었다. 맛이 매우 좋았다. 배가 불렀다. 우리는 저녁 식사하면서 좋은 시간을 가졌다.

틀린 부분을 올바르게 고쳐 보세요.

correct English

ANSWERS

I seldom skip breakfast. However, I didn't have enough time to eat this morning, so I had to **grab a bite to eat**. I had **two pieces of bread** for breakfast. My mom **baked** yesterday. I never eat **junk food**. I **rarely** eat vegetables. These days I **have no appetite**, so I asked my family to **eat out** for dinner. I ordered special food at the restaurant. I **had never tried the food before**. It tasted very good. **I was full**. We had a good time at dinner.

기초영작 100일의 기적